LA ENCICLOPEDIA DEL PUNTO

La enciclopedia del punto

Primera edición: noviembre de 2015

© 2015, WE ARE KNITTERS (texto y fotografías)
© 2015, de la presente edición en castellano para todo el mundo:
Penguin Random House Grupo Editorial, S.A.U.
Travessera de Gràcia, 47-49. 08021 Barcelona

Diseño: Penguin Random House Grupo Editorial / Meritxell Mateu

Printed in Spain – Impreso en España

ISBN: 978-84-03-50821-7
Depósito legal: B-21549-2015

Impreso en Talleres Gráficos Soler, S.A.

AG08217

Penguin
Random House
Grupo Editorial

LA ENCICLOPEDIA DEL PUNTO

we are knitters

AGUILAR
· OCIO ·

ÍNDICE

Introducción

Después de *WE ARE KNITTERS. All the happiness in a book* y *Punto para regalar*, en este tercer libro, *La enciclopedia del punto*, encontrarás nuestra colección de puntos favorita. Una colección de 72 puntos para todos los niveles, desde los más básicos a los más avanzados para que puedas darle un toque especial a tus prendas o crearlas a tu gusto.

También encontrarás un apartado de trucos, donde te contamos algunos consejos que te serán muy útiles para mejorar tu técnica y convertirte en todo un *knitter* profesional.

Esperamos que este libro se convierta en algo imprescindible para ti y lo disfrutes tanto como hemos disfrutado nosotros haciéndolo.

PARA EMPEZAR

Posturas para tejer

En ocasiones, adoptamos posturas al tejer que pueden provocarnos cansancio en manos, brazos y espalda. Esto se puede solucionar si aprendemos cómo debemos colocarnos.

Antes de empezar a tejer, haz unos pequeños estiramientos. Empieza por el cuello. Mueve tu cabeza de arriba a abajo como si dijeras «sí». Ahora mueve tu cabeza de izquierda a derecha como si dijeras «no».

Continúa con las muñecas. Muévelas hacia arriba y hacia abajo.

Después, cierra tu mano en un puño y ábrela. De este modo, ejercitas también tus dedos.

Ahora ya puedes elegir una silla o un sillón. Tiene que resultarte cómodo ya que pasarás tiempo en él. Si el asiento es muy blando, puedes colocar un cojín en la zona de las lumbares para evitar que esa zona se resienta. Siéntate formando un ángulo de 90° con tus piernas y apoyando la espalda en el respaldo en su totalidad. Cada cierto tiempo, relaja los hombros.

Es muy importante que la iluminación que utilices sea buena para que tu vista no se canse. Utiliza una luz que no sea blanca y un lector o flexo como luz de soporte con luz cálida que cansa menos la vista, sobre todo para labores muy minuciosas que requieren contar puntos o para labores de lana negra, que es la más difícil de ver.

Descansa cada cierto tiempo. No es recomendable tejer durante más de 90 minutos seguidos sin hacer una pausa. Descansa para estirarte, tomarte un té o compartir tus avances con la comunidad WAK.

Por último, hidrata tus manos. Aunque nuestra lana es 100% natural y nuestras agujas son de madera, el roce con la fibra puede hacer que tus manos tiendan a secarse.

Forma correcta de empezar el ovillo

Cada ovillo tiene dos extremos. Normalmente, empezamos a deshacer el ovillo tirando de la hebra que está más al exterior. Sin embargo, lo correcto es empezar por la que está en el interior. De este modo, el ovillo está fijo y no va rodando cada vez que tiramos de él.

Busca con el dedo índice en el interior del ovillo un bultito de hilo. Cógelo y sácalo. A veces está muy escondido. En ese caso, prueba por el otro lado.

Una vez que esté fuera, busca el extremo y ¡empieza a tejer! Ahora será mucho más fácil tejer y evitarás que tu ovillo se caiga, se ensucie o vaya rodando por todas partes.

Montar puntos

Este es el primer paso para empezar la labor.

Para ello, coge la hebra y toma una medida de tres veces aproximadamente la longitud que vayas a tejer. Es decir, si necesitas que la longitud de la prenda sea de 20 cm, coge una hebra de 60 cm.

Haz un nudo corredizo, inserta la aguja en él y ajusta el nudo a la aguja. No lo aprietes demasiado o de lo contrario te costará tejerlo.

Sostén con la mano derecha el hilo que viene del ovillo, y con la mano izquierda el otro hilo.

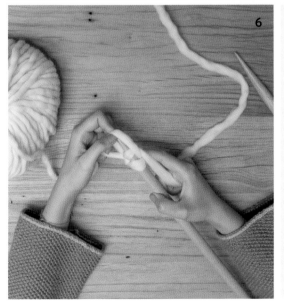

Con la mano derecha, haz un bucle e introdúcelo en la aguja.

Rodea la aguja con el hilo de la mano izquierda en sentido contrario a las agujas del reloj.

Saca el bucle de la mano izquierda por encima de la aguja. Acabas de formar tu segundo punto. Estira ligeramente de ambos hilos para ajustarlo a la aguja. Repite del punto 4 al 6 hasta obtener el número de puntos que desees.

Punto derecho

Ahora que ya sabes cómo montar puntos, vamos a enseñarte a tejerlos. El primer punto que tendrás que aprender es el derecho, ya que es la base de todos los demás puntos. Para tejerlo sigue los siguientes pasos:

Sujeta con la mano izquierda la aguja que tenga los puntos. Inserta la aguja derecha en el centro del primer punto, tal y como muestra la imagen.

Rodea la aguja con el hilo en sentido contrario a las agujas del reloj.

Desliza suavemente la aguja derecha hacia ti, arrastrando el nuevo bucle y pasándolo a través del punto original de la aguja izquierda.

Repite estos pasos hasta acabar la vuelta. Tiene que quedar como se ve en la foto.

Punto revés

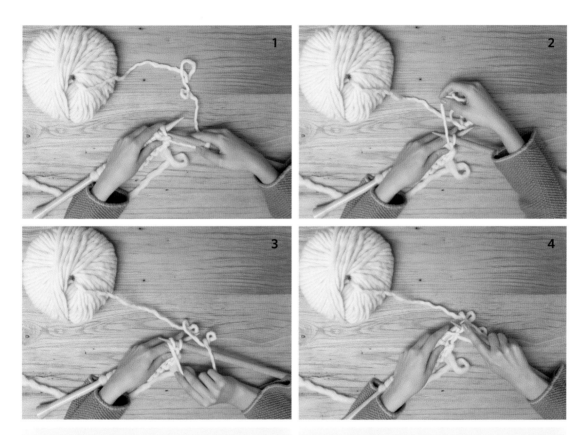

Sujeta con la mano izquierda la aguja que tenga los puntos. Con el hilo por delante de la aguja, inserta la aguja derecha en el centro del primer punto, pasándola por delante de la aguja izquierda tal y como muestra la imagen.

Con la mano derecha, pasa el hilo por encima y alrededor de la aguja derecha, formando un bucle en el sentido contrario a las agujas del reloj.

Desliza suavemente la aguja derecha hacia atrás, arrastrando el nuevo bucle y pasándolo a través del punto original de la aguja izquierda.

Repite nuevamente estos pasos hasta haber tejido todos los puntos.

Contar vueltas y diferenciar punto del derecho y punto del revés

Cuando ya adquieras cierta habilidad tejiendo serás capaz de hacerlo sin mirar la labor. Esto puede provocar que te pierdas y no sepas qué vuelta estás tejiendo. Si esto te ha ocurrido, no te preocupes, es muy fácil contar las vueltas.

Cuando tejemos del derecho, el punto hace como una espiga o una V. Cuenta cada V desde el inicio de la labor hasta el final. Ese será el número de vueltas totales.

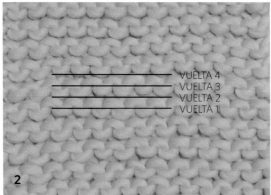

Cuando tejemos del revés, el punto hace como una ondita. Cuenta cada una de las ondas, desde el principio hasta el final.

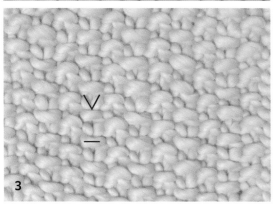

Al igual que podemos perdernos al contar las vueltas, también puede pasar que no sepamos si tenemos que tejer un punto del derecho o un punto del revés. Por esta razón, es importante diferenciarlos. Como se ha explicado, el punto derecho forma una espiga mientras que el punto del revés forma una ondita. Sabiendo esto, ya no podrás perderte. Mira cómo está tejido el punto que vas a tejer para saber si tienes que hacerlo del derecho o del revés.

Recuperar puntos perdidos

Sobre todo al empezar a tejer es muy común perder puntos a lo largo de las vueltas.

Una vez que hayas detectado el error, teje hasta llegar al punto que has perdido.

Con la ayuda de tu aguja de *crochet*, recupera ese punto y teje esas vueltas que habías dejado sin tejer, separando ligeramente los puntos para que las hebras queden más visibles.

Cuando tejas hasta la última vuelta ya habrás recuperado todos los puntos y podrás continuar normalmente.

Cerrar los puntos

Una vez que hayas terminado tu labor, tendrás que cerrar los puntos para poder sacarla de tus agujas. Sigue estos pasos:

Pasa el primer punto a la aguja derecha sin tejer.

*Teje el siguiente punto del derecho.

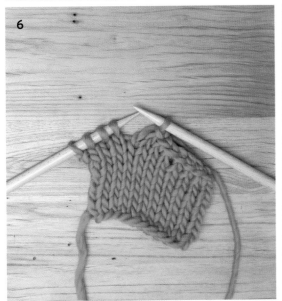

Con ayuda de la aguja izquierda, pasa el primer punto de la aguja derecha sobre el segundo, de modo que solo quede un punto en tu aguja derecha*.

Repite de * a * hasta haber cerrado todos los puntos.

TRUCOS

Corregir pequeños errores al tejer

A todos nos ha pasado ver un error en la labor después de haber tejido unas cuantas vueltas, y todos hemos sacado la labor de las agujas y lo hemos deshecho todo. ¡Pues no hacía falta! ¡Existe una solución!

Teje normalmente hasta llegar al error.

Deshaz ese punto hasta llegar a la vuelta donde esté el error.

Con ayuda de la aguja *crochet,* teje estos puntos como corresponda.

En este caso, al ser punto jersey, los tejeremos de modo que queden todas las vueltas del derecho.

Ahora ya tienes tu prenda corregida sin necesidad de deshacerlo todo.

Corregir errores graves al tejer

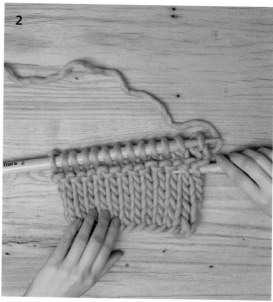

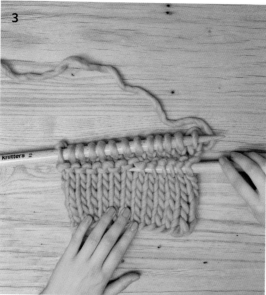

Ya has aprendido a recuperar puntos perdidos a lo largo de las vueltas y a corregir pequeños errores. Pero, ¿qué pasa cuando nos hemos equivocado en varios puntos seguidos al tejer?

En este caso, podemos recuperar los puntos de la vuelta anterior a la que nos equivocamos.

Para ello, pasa la aguja entre los puntos de la vuelta anterior al error como se ve en las imágenes.

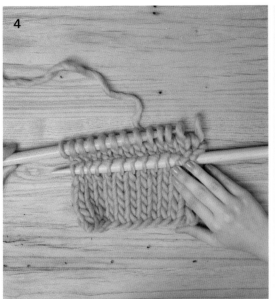

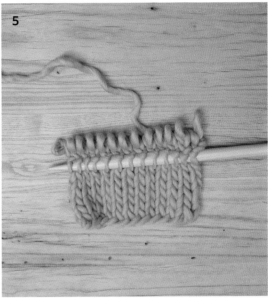

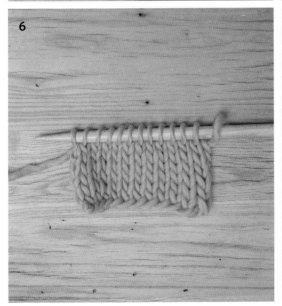

Una vez que tengas todos los puntos en la aguja, suelta los puntos de la otra aguja y deshaz hasta llegar a la otra aguja.

Ya puedes continuar tejiendo normalmente sin necesidad de deshacer toda la labor.

Unir dos ovillos

Cuando se nos acaba un ovillo y tenemos que empezar uno nuevo, es muy probable que se vea la unión una vez terminada la prenda, si no hemos tenido cuidado al hacerla. Nosotros te aconsejamos los tres métodos que más nos gustan. Pruébalos con distintos materiales para que veas la diferencia.

MÉTODO CLÁSICO

Este es el método más común. La unión queda al borde de la prenda, con lo cual, al unir las distintas piezas de la prenda, queda totalmente camuflado.

Cuando el hilo se esté terminando, deja de tejer con ese ovillo al terminar la vuelta. Es importante que la hebra quede al final de la vuelta; de lo contrario, la unión será más visible.

Deja la hebra, coge el nuevo ovillo y teje normalmente. Cuando hayas terminado la vuelta, haz un pequeño nudito para unir las dos hebras. Enhébralas en una aguja lanera, y camufla las hebras entre el borde.

FELTING

Nuestra técnica favorita para unir lana 100% natural. Esta técnica no está recomendada para algodón, ya que no podremos enfieltrarlo. Hay dos formas de realizar esta técnica:

1 y 2. Con aguja de cardado: si tienes una aguja de cardado es muy sencillo, solo hay que situar la hebra del ovillo terminado junto a la hebra del nuevo ovillo y con la aguja enfieltrar una hebra con la otra.

3 y 4. Sin aguja de cardado: si no tienes una aguja de cardado, no te preocupes. Moja las dos hebras con agua caliente. Frota con las manos la una contra la otra. Al ser lana 100% natural, las hebras quedarán perfectamente unidas.

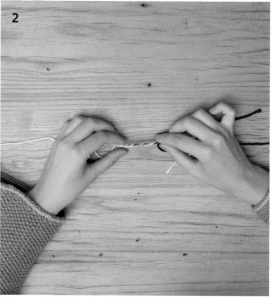

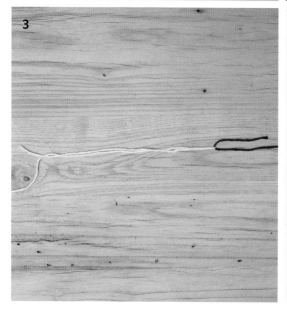

MÉTODO RUSO

Este método es recomendable sobre todo para fibras finas, como *baby alpaca* o algodón, ya que si la lana es muy gruesa la unión será muy evidente.

Cuando le queden unos 15 cm a tu ovillo, coge el nuevo ovillo y entrelaza las hebras como se ve en la primera imagen.

Enhebra una de las hebras e introdúcela entre la hebra del mismo ovillo como se ve en la segunda imagen. Te tiene que quedar como se ve en la tercera imagen.

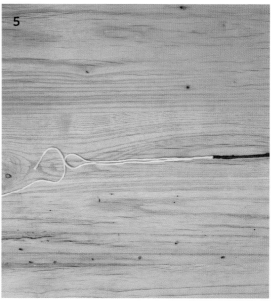

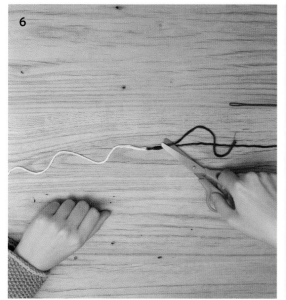

Repite el paso anterior con la otra hebra.

Ahora, corta las hebras que quedan a los lados como se ve en la tercera imagen.

¡Y sigue tejiendo!

Unir prendas

Al igual que para unir dos ovillos, para unir prendas hay muchos métodos. Todo dependerá de qué parte tengas que unir. Nosotros te vamos a enseñar a unir prendas una vez que ya están cerradas. Esto te servirá, por ejemplo, para unir los laterales de un jersey o de un cuello.

Para ello, enhebra la aguja con una hebra de la misma lana que hayas utilizado para tejer.

Sitúa las piezas que tengas que unir con el revés hacia abajo y el derecho hacia arriba, y cose cogiendo un punto de una pieza y otro de otra.

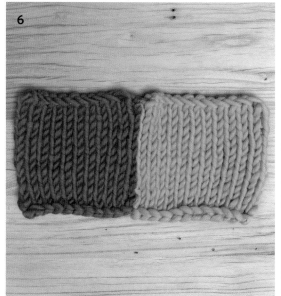

Repite esta operación hasta que cierres toda la prenda.

Termina, haciendo un nudito para que no se suelte la labor.

Por último, camufla el hilo que haya sobrado entre los puntos de la prenda tejida.

Recoger puntos

Esta técnica te puede servir para tejer el cuello de tu jersey una vez cerrada la labor o hacer una solapa alrededor de tu chaqueta. También puedes utilizarla para darle un aspecto diferente a tu prenda cambiando la dirección del punto.

Para ello, sitúa la labor en plano. Introduce la aguja entre los espacios que forman los puntos que se encuentran en el lateral, tal y como muestra la primera imagen.

A continuación, enrolla la aguja con el hilo y sácalo por el agujero.

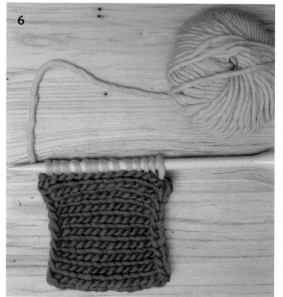

Repite esta operación tantas veces como puntos quieras recoger.

Después, téjelos y ciérralos para terminar la prenda.

Esconder correctamente las hebras

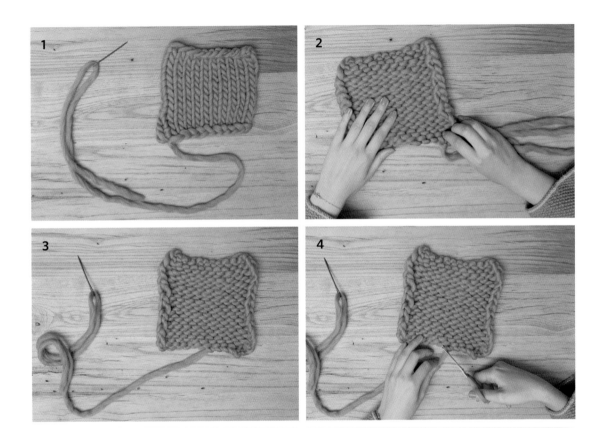

Esconder correctamente las hebras es muy importante para que nuestra labor quede bonita y con el tiempo no salgan los hilos por cualquier sitio de la prenda. Hay muchas formas de esconder las hebras. Nosotros te vamos a enseñar dos métodos.

MÉTODO CLÁSICO

Enhebra la aguja lanera con la hebra sobrante. Introduce la aguja entre los puntos de la prenda tejida.

Pasa el hilo para que quede como se ve en la imagen.

Para finalizar corta el sobrante a ras del tejido.

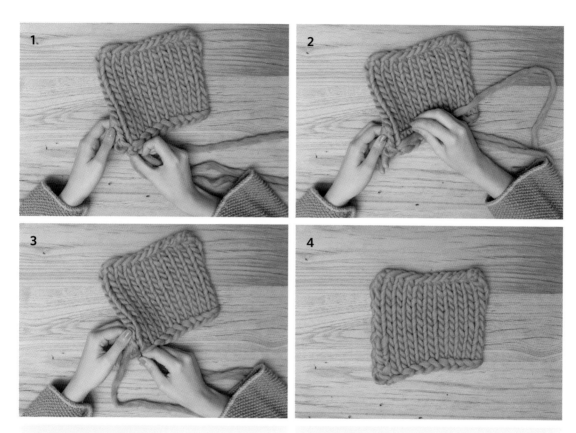

DUPLICADO DE PUNTOS

Nada más fácil y con mejor acabado que hacer punto duplicado sobre los puntos ya tejidos con la hebra que nos queda. Así rematamos el hilo en la parte delantera de la labor, haciendo que sea invisible. Haz unos cuantos puntos duplicados imitando la dirección del punto antes de cortar el hilo definitivamente.

Enhebra la aguja lanera con la hebra sobrante de tu prenda.

Introduce la aguja del revés al derecho en medio de un punto. Pasa la aguja por la espiga situada arriba.

Por último, introduce la aguja en el centro de ese punto y sácala por el centro del siguiente punto. Repite tantas veces como quieras.

Punto hondo

Para tejer el punto hondo, debes introducir la aguja en el punto de la vuelta anterior.

A continuación, teje del derecho normalmente.

Por último, pasa el punto a la aguja derecha.

Hacer una lazada

Hacer una lazada es una técnica muy sencilla que te permitirá hacer calados o aumentos.

Teje hasta donde quieras.

Rodea la aguja derecha con el hilo y continúa tejiendo normalmente.

En la siguiente vuelta, notarás un pequeño agujero formado al hacer la lazada.

Surjete simple

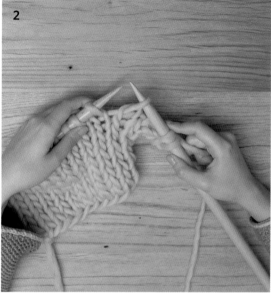

Los surjetes se utilizan para disminuir puntos en técnicas de calados, ya que crean una inclinación del dibujo hacia la izquierda. El surjete simple reduce un punto y se trabaja sobre 2 puntos.

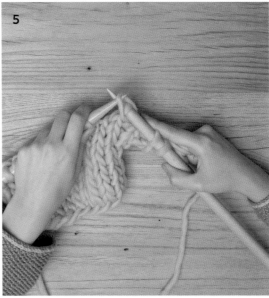

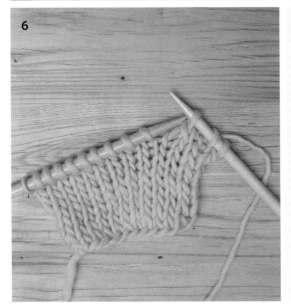

Teje de manera normal hasta el punto de la reducción y pasa un punto sin tejer a tu aguja derecha.

Teje el punto siguiente del derecho. Desliza el punto sin tejer por encima del que acabas de tejer.

Surjete doble

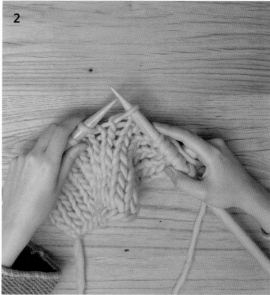

El surjete doble se utiliza para reducir 2 puntos de una vez, trabajando sobre 3 puntos.

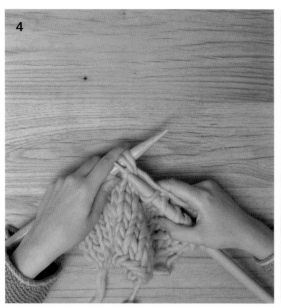

Teje de manera normal hasta el punto de la reducción y pasa un punto sin tejer a tu aguja derecha.

Teje los dos siguientes puntos juntos. Desliza el punto sin tejer por encima de los dos que acabas de tejer juntos.

¡Y ya has hecho un surjete doble!

PUNTOS
DE NIVEL
FÁCIL

Punto bobo

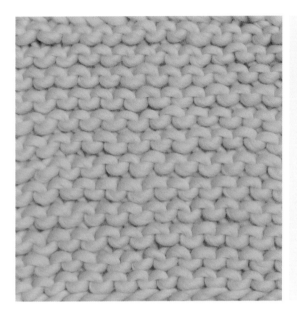

Es el punto más sencillo de todos. El resultado son líneas horizontales de onditas en ambos lados de la labor, es decir, es un punto reversible.

Para tejerlo, tendrás que tejer todos los puntos y todas las vueltas del derecho.

Punto jersey

Este punto tiene derecho y revés, es decir, no es reversible. En el lado derecho, podrás ver que el punto tiene forma de espiga, mientras que por el revés tiene forma de ondas parecidas a las del punto bobo. Para tejerlo, tendrás que seguir las siguientes instrucciones:

Vueltas impares: teje todos los puntos del derecho.

Vueltas pares: teje todos los puntos del revés.

Punto arroz

El punto de arroz alterna una espiga seguida de una ondita, tanto por el derecho como por el revés, es decir, es un punto reversible. A la hora de tejer este punto, tendrás que tener en cuenta si el número de puntos es par o impar. Si es impar, teje todas las vueltas alternando un punto del derecho seguido de un punto del revés. Si es par, teje tu labor de la siguiente manera:

Vueltas impares: teje alternando un punto del derecho seguido de un punto del revés hasta el final de la vuelta.
Vueltas pares: teje alternando un punto del revés seguido de un punto del derecho hasta el final de la vuelta.

Punto elástico 1x1

Se utiliza sobre todo en puños y bordes, ya que permite que la prenda se adapte mejor al cuerpo. Tendrás que tener en cuenta si el número de puntos de tu labor es par o impar.

Si el número de puntos es impar, teje tu labor así:
Vueltas impares: teje alternando un punto del derecho seguido de un punto del revés hasta el final de la vuelta.
Vueltas pares: teje alternando un punto del revés seguido de un punto del derecho hasta el final de la vuelta.
Si el número de puntos es par, teje todas las vueltas alternando un punto del derecho seguido de un punto del revés.

Punto trigo

El punto trigo es una variante del punto de arroz. Por ello, también es reversible y se tejerá de diferente manera dependiendo del número de puntos.

Si el número de puntos es impar, teje tu labor de la siguiente manera:

Vueltas 1 y 4: teje alternando un punto del derecho seguido de un punto del revés hasta el final de la vuelta.

Vueltas 2 y 3: teje alternando un punto del revés seguido de un punto del derecho hasta el final de la vuelta.

Repite de la vuelta 1 a la 4 hasta terminar la labor.

Si el número de puntos es par, teje tu labor de la siguiente manera:

Vueltas 1 y 2: teje alternando un punto del derecho seguido de un punto del revés hasta el final de la vuelta.

Vueltas 3 y 4: teje alternando un punto del revés seguido de un punto del derecho hasta el final de la vuelta.

Punto triángulos

Monta un número de puntos que sea múltiplo de 5 + 2 y teje de la siguiente manera:

Vuelta 1: teje todos los puntos del derecho.

Vuelta 2: teje todos los puntos del revés.

Vuelta 3: teje el primer punto del derecho. *Teje 4 puntos del derecho y un punto del revés*. Repite de * a * hasta que quede un punto y téjelo del derecho.

Vuelta 4 y todas las pares: teje todos los puntos como se presentan, es decir, si el punto está del derecho, téjelo del derecho, si el punto está del revés, téjelo del revés.

Vuelta 5: teje el primer punto del derecho. *Teje 3 puntos del derecho y 2 puntos del revés*. Repite de * a * hasta que quede un punto y téjelo del derecho.

Vuelta 7: teje el primer punto del derecho. *Teje 2 puntos del derecho y 3 puntos del revés*. Repite de * a * hasta que quede un punto y téjelo del derecho.

Vuelta 9: teje el primer punto del derecho. *Teje un punto del derecho y 4 puntos del revés*. Repite de * a * hasta que quede un punto y téjelo del derecho.

Repite de la vuelta 1 a la 10 hasta terminar la labor.

Punto damero

El punto damero es un punto reversible. Para tejerlo, monta un número de puntos múltiplo de 6 y teje de la siguiente manera:

Vueltas 1, 2 y 3: teje alternando 3 puntos del derecho seguidos de 3 puntos del revés hasta el final de la vuelta.

Vueltas 4, 5 y 6: teje alternando 3 puntos del revés seguidos de 3 puntos del derecho hasta el final de la vuelta.

Repite de la vuelta 1 a la 6 hasta terminar la labor.

Punto arroz doble

Monta un número de puntos múltiplo de 4 y teje de la siguiente manera:

Vuelta 1: teje alternando 2 puntos del derecho seguidos de 2 puntos del revés hasta el final de la vuelta.

Vuelta 2: teje alternando 2 puntos del revés seguidos de 2 puntos del derecho hasta el final de la vuelta.

Repite la vuelta 2 hasta terminar la labor.

Punto cesta

Monta un número de puntos múltiplo de 6 + 2 y teje de la siguiente manera:

Vueltas 1 y 7: teje todos los puntos del derecho.

Vueltas 2 y 8: teje todos los puntos del revés.

Vueltas 3 y 5: teje un punto del derecho, *un punto del derecho, 4 puntos del revés y un punto del derecho*. Repite de * a * hasta que quede un punto y téjelo del derecho.

Vueltas 4 y 6: teje un punto del revés, *un punto del revés, 4 puntos del derecho y un punto del revés*. Repite de * a * hasta que quede un punto y téjelo del revés.

Vueltas 9 y 11: teje un punto del derecho, *2 puntos del revés, 2 puntos del derecho y 2 puntos del revés*. Repite de * a * hasta que quede un punto y téjelo del derecho.

Vueltas 10 y 12: teje un punto del revés, *2 puntos del derecho, 2 puntos del revés y 2 puntos del derecho*. Repite de * a * hasta que quede un punto y téjelo del revés.

Repite de la vuelta 1 a la 12 hasta terminar la labor.

Punto piqué

Para tejer este punto, el número total de puntos de tu labor tiene que ser múltiplo de 3 + 1 para el borde. Una vez que hayas montado los puntos, teje de la siguiente manera:

Vueltas 1 y 5: teje un punto del revés seguido de 2 puntos del derecho. Repite esto hasta que quede un punto y téjelo del revés.

Vueltas 2 y 4: teje un punto del derecho seguido de 2 puntos del revés. Repite esto hasta que quede un punto y téjelo del derecho.

Vuelta 3: teje todos los puntos del revés.

Vuelta 6: teje todos los puntos del derecho.

Repite estas 6 vueltas a lo largo de toda la labor.

Punto ladrillo

Monta un número de puntos múltiplo de 4 + 1 y teje de la siguiente manera:

Vuelta 1: teje 4 puntos del derecho. *Introduce la aguja en el siguiente punto y rodea la aguja con el hilo dos veces en lugar de una. Termina de tejer el punto normalmente. Teje 3 puntos del derecho*. Repite de * a * hasta que quede un punto y téjelo del derecho.

Vuelta 2: teje 4 puntos del revés. *Pasa el siguiente punto sin tejer del revés y suelta la segunda hebra de la vuelta anterior de modo que vuelvas a tener un solo punto. Teje 3 puntos del revés*. Repite de * a * hasta que quede un punto y téjelo del revés.

Vuelta 3: teje 4 puntos del derecho. *Pasa un punto sin tejer del revés. Teje 3 puntos del derecho*. Repite de * a * hasta que quede un punto y téjelo del derecho.

Vuelta 4: teje 4 puntos del derecho. *Pasa la hebra por delante de la labor, pasa el siguiente pun-to sin tejer del revés. Pasa la hebra por detrás de la labor y teje 3 puntos del derecho*. Repite de * a * hasta que quede un punto y téjelo del derecho.

Vuelta 5: teje 2 puntos del derecho. *Introduce la aguja en el siguiente punto y rodea la aguja con el hilo dos veces en lugar de una. Termina de tejer el punto normalmente. Teje 3 puntos del derecho*. Repite de * a * hasta que queden 3 puntos Teje un punto del derecho rodeando la aguja dos veces y teje los 2 últimos puntos del derecho.

Vuelta 6: teje 2 puntos del revés. *Pasa el siguiente punto sin tejer y suelta la segunda hebra de la vuelta anterior de modo que vuelvas a tener un solo punto. Teje 3 puntos del revés*. Repite de * a * hasta que queden 3 puntos. Pasa un punto sin tejer soltando la segunda hebra de la vuelta anterior y teje los dos últimos puntos del revés.

Vuelta 7: teje 2 puntos del derecho. *Pasa un punto sin tejer del revés y teje 3 puntos del derecho*. Repite de * a * hasta que queden 3 puntos. Pasa un punto sin tejer del revés y teje los 2 últimos puntos del derecho.

Vuelta 8: teje 2 puntos del derecho. *Pasa la hebra por delante de la labor, pasa el siguiente punto sin tejer del revés. Pasa la hebra por detrás de la labor y teje 3 puntos del derecho*. Repite de * a * hasta que queden 3 puntos. Pasa un punto sin tejer del revés y teje los 2 últimos puntos del derecho.

Repite de la vuelta 1 a la 8 hasta terminar la labor.

Punto escalera

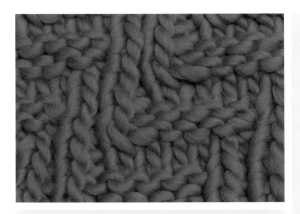

Monta un número de puntos mínimo de 16 y múltiplo de 8 y teje de la siguiente manera:

Vuelta 1: teje un punto del derecho, un punto del revés, un punto del derecho y 5 puntos del revés. Repite esto hasta el final de la vuelta.

Vuelta 2 y todas las pares: teje los puntos como se presenten. Los del derecho del derecho y los del revés del revés.

Vuelta 3: teje un punto del derecho, un punto del revés, *5 puntos del derecho, un punto del revés, un punto del derecho y un punto del revés*. Repite de * a * hasta que queden 6 puntos. Teje 5 puntos del derecho y un punto del revés.

Vuelta 5: teje un punto del derecho, *5 puntos del revés, un punto del derecho, un punto del revés, un punto del derecho*. Repite de * a * hasta que queden 7 puntos. Teje 5 puntos del revés, un punto del derecho y un punto del revés.

Vuelta 7: teje 5 puntos del derecho, un punto del revés, un punto del derecho y un punto del revés. Repite esto hasta el final de la vuelta.

Vuelta 9: teje 4 puntos del revés, *un punto del derecho, un punto del revés, un punto del derecho y 5 puntos del revés*. Repite de * a * hasta que queden 4 puntos. Teje un punto del derecho, un punto del revés, un punto del derecho y un punto del revés.

Vuelta 11: teje 3 puntos del derecho, *un punto del revés, un punto del derecho, un punto del revés y 5 puntos del derecho*. Repite de * a * hasta que queden 5 puntos. Teje un punto del revés, un punto del derecho, un punto del revés y 2 puntos del derecho.

Vuelta 13: teje 2 puntos del revés, *un punto del derecho, un punto del revés, un punto del derecho y 5 puntos del revés*. Repite de * a * hasta que queden 6 puntos. Teje un punto del derecho, un punto del revés, un punto del derecho y 3 puntos del revés.

Vuelta 15: teje un punto del derecho, *un punto del revés, un punto del derecho, un punto del revés y 5 puntos del derecho*. Repite de * a * hasta que queden 7 puntos. Teje un punto del revés, un punto del derecho, un punto del revés y 4 puntos del derecho.

Repite de la vuelta 1 a la 16 hasta terminar la labor.

Punto arena

Monta el número de puntos que quieras en una de las agujas de tejer y teje de la siguiente manera:

Vueltas impares: teje todos los puntos del derecho.

Vueltas pares: teje alternando un punto del derecho seguido de un punto del revés hasta el final de la vuelta.

Falso punto inglés

El resultado es muy similar al del punto inglés; sin embargo, este punto queda menos tupido y, por tanto, consume menos hilo que el punto inglés.

Monta un número de puntos múltiplo de 2 y teje de la siguiente manera:

Vueltas impares: teje alternando un punto del derecho seguido de un punto del revés hasta el final de la vuelta.

Vueltas pares: teje todos los puntos del derecho.

Punto elástico retorcido

El punto elástico retorcido es una variante del punto elástico y también es reversible.

Lo primero que necesitarás aprender es cómo tejer un punto del derecho retorcido:

Para ello, introduce la aguja por detrás de la hebra del punto tal y como ves en la primera imagen.

Rodea la aguja con la hebra y téjelo normalmente.

Ahora que ya sabes cómo tejerlo, recuerda tener en cuenta si el número de puntos es par o impar. Si tu número de puntos es impar, teje de la siguiente manera:

Vueltas impares: teje alternando un punto del revés seguido de un punto del derecho retorcido hasta que quede un punto y téjelo del revés.

Vueltas pares: teje alternando un punto del derecho seguido de un punto del revés retorcido hasta que quede un punto y téjelo del derecho.

Si tu número de puntos es par, teje todas las vueltas alternando un punto del revés seguido de un punto del derecho retorcido.

Punto vainilla

Monta el número de puntos que quieras y teje de la siguiente manera:

Vueltas 1 a 4: teje todos los puntos del derecho.

Vuelta 5: inserta la aguja en el primer punto como si fueras a tejerlo del derecho, envuelve la aguja derecha con el hilo tres veces en lugar de una y saca las tres lazadas del punto para terminar de tejer este punto. Repite esto hasta terminar la vuelta.

Vuelta 6: teje todos los puntos del derecho soltando las hebras que formaban la lazada de la vuelta anterior.

Repite de la vuelta 2 a la 6 hasta terminar la labor.

Falso punto vainilla

Monta un número de puntos múltiplo de 3 y teje de la siguiente manera:

Vuelta 1: teje 3 puntos del derecho y haz una lazada. Repite esto hasta que queden 3 puntos y téjelos del derecho.

Vuelta 2: teje todos los puntos del revés.

Vuelta 3: teje todos los puntos del derecho.

Repite las vueltas 2 y 3 hasta que tu labor tenga el tamaño que quieras. A continuación, *cierra 3 puntos y suelta el cuarto punto, de modo que lo deshagas hasta el inicio de la labor*. Repite de * a * hasta que queden 3 puntos y ciérralos.

Punto bobo bicolor

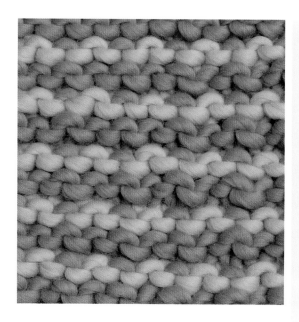

Monta un número de puntos múltiplo de 12 + 1 con el color A y teje de la siguiente manera:

Vueltas 1 y 2: teje todos los puntos del derecho con el color A.

Vuelta 3: cambia al color B. Teje un punto del derecho, *pasa un punto sin tejer del revés y teje un punto del derecho*. Repite de * a * hasta el final de la vuelta.

Vuelta 4: teje todos los puntos del derecho.

Repite de la vuelta 1 a la 4 hasta terminar la labor.

Punto bloque

Monta un número de puntos mínimo de 15 y múltiplo de 6 + 3 con el color A y teje de la siguiente manera:

Vuelta 1: teje todos los puntos del derecho con el color A.

Vuelta 2: teje todos los puntos del revés.

Vueltas 3 y 5: cambia al color B y teje 4 puntos del derecho, pasa un punto sin tejer del revés, *teje 5 puntos del derecho, pasa un punto sin tejer del revés*. Repite de * a * hasta que queden 4 puntos y téjelos del derecho.

Vueltas 4 y 6: teje 4 puntos del derecho, pasa la hebra hacia delante, pasa un punto sin tejer del revés, pasa la hebra hacia detrás, *teje 5 puntos del derecho, pasa la hebra hacia delante, pasa un punto sin tejer del revés, pasa la hebra hacia detrás*. Repite de * a * hasta que queden 4 puntos y téjelos del derecho.

Vuelta 7: cambia al color A y teje todos los puntos del derecho.

Vuelta 8: teje todos los puntos del revés.

Vueltas 9 y 11: cambia al color B y teje un punto del derecho, pasa un punto sin tejer del revés. *Teje 5 puntos del derecho, pasa un punto sin tejer del revés*. Repite de * a * hasta que quede un punto y téjelo del derecho.

Vueltas 10 y 12: teje un punto del derecho, pasa la hebra por delante de la labor, pasa un punto sin tejer del revés, pasa la hebra por detrás de labor, *teje 5 puntos del derecho, pasa la hebra por delante de la labor, pasa un punto sin tejer del revés, pasa la hebra por detrás de la labor*. Repite de * a * hasta que quede un punto y téjelo del derecho.

Repite de la vuelta 1 a la 12 hasta terminar la labor.

PUNTOS
DE NIVEL
INTERMEDIO

Punto olas

Monta un número de puntos múltiplo de 2 más 2 puntos extra.

Teje de la vuelta 1 a la 4 a punto jersey.

Teje las vueltas 5 y 6 de la siguiente manera:

Vuelta 5: teje un punto del derecho. *Teje un punto del derecho, sin pasarlo a la aguja izquierda, haz una lazada y vuelve a tejer ese punto del derecho; de este modo, habrás aumentado 2 puntos. Pasa la hebra por detrás de la labor y pasa un punto sin tejer*. Repite de * a * hasta que quede un punto y téjelo del derecho.

Vuelta 6: teje un punto del revés, *pasa un punto sin tejer con la hebra de hilo detrás de la labor y teje 3 puntos juntos del derecho*. Repite de * a * hasta que quede un punto y téjelo del revés.

Repite de la vuelta 1 a la 6 hasta obtener el largo deseado.

Punto curvas chinas

Monta un número de puntos impar y teje de la siguiente manera:

Vueltas impares: teje todos los puntos del derecho.

Vuelta 2: teje un punto del derecho, *pasa un punto sin tejer, teje un punto del derecho*. Repite este de * a * hasta el final de la vuelta.

Vuelta 4: teje 2 puntos del derecho,*pasa un punto sin tejer, teje un punto del derecho*. Repite este esquema * a * hasta el final de la vuelta.

Repite de la vuelta 1 a la 4 hasta terminar la labor.

Punto inglés

Este punto es reversible, tiene mucha elasticidad y queda muy tupido; por esta razón, al tejerlo se utiliza mucho hilo.

Monta un número de puntos múltiplo de 2 + 1.

Teje todos los puntos de la primera vuelta del derecho y continúa de la siguiente manera:

Vuelta 2 y todas las pares: pasa el primer punto sin tejer. Teje alternando un punto hondo seguido de un punto del revés hasta el final de la vuelta.

Vuelta 3 y todas las impares: pasa el primer punto sin tejer. Teje alternando un punto del revés seguido de un punto hondo hasta el final de la vuelta.

Punto acanalado

Monta un número de puntos múltiplo de 2 + 1.

Teje todos los puntos de la primera vuelta del derecho y continúa de la siguiente manera:

Vuelta 2 y todas las pares: teje alternando un punto del revés seguido de un punto hondo. Repite esto hasta que quede un punto y téjelo del revés.

Vuelta 3 y todas las impares: teje todos los puntos del derecho.

Punto semitela

Monta un número de puntos impar y teje de la siguiente manera:

Vueltas impares: teje un punto del derecho, pasa la hebra por delante de la labor y pasa un punto sin tejer del revés. Pasa de nuevo la hebra por detrás de la labor. Repite esto hasta que quede un punto y téjelo del derecho.

Vueltas pares: teje todos los puntos del revés.

Punto tela

Monta un número de puntos par y teje de la siguiente manera:

Vueltas impares: pasa el primer punto sin tejer, *teje el siguiente punto del derecho, pasa la hebra por delante de la labor y pasa el siguiente punto sin tejer como si fueras a tejerlo del revés. Pasa la hebra por detrás de la labor*. Repite de * a * hasta el final de la vuelta.

Vueltas pares: pasa el primer punto sin tejer, *teje el siguiente punto del revés, pasa la hebra por detrás de la labor y pasa el siguiente punto sin tejer como si fueras a tejerlo del revés. Pasa la hebra por delante de la labor*. Repite de * a * hasta el final de la vuelta.

Punto tela doble

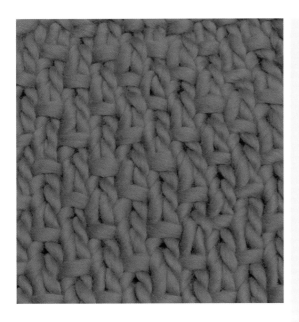

Monta un número de puntos múltiplo de 2 + 2 y teje de la siguiente manera:

Vuelta 1: teje 1 punto del derecho, *pasa el siguiente punto sin tejer con la hebra de lana en la parte delantera, vuelve a colocar la hebra de lana en la parte de atrás, teje 1 punto del derecho*. Repite de * a * hasta que quede un punto y téjelo del derecho.

Vueltas 2 y 4: teje 1 punto del derecho, teje todos los puntos del revés hasta que solo quede un punto, y téjelo del derecho.

Vuelta 3: teje 1 punto del derecho, *teje 1 punto del derecho, pasa el siguiente punto sin tejer con la hebra de lana en la parte delantera, vuelve a colocar la hebra de lana en la parte de atrás*. Repite de * a * hasta que queden 2 puntos y téjelos del derecho.

Repite estas 4 vueltas hasta terminar la labor.

Punto retina

Monta un número de puntos múltiplo de 6 + 5 y teje de la siguiente manera:

Vueltas impares: teje todos los puntos del revés.

Vuelta 2: teje 4 puntos del derecho, *teje 3 puntos del derecho, pasa estos 3 puntos que acabas de tejer a una aguja auxiliar y rodéalos con el hilo 4 veces, de delante hacia atrás y de abajo a arriba. Pasa esos 3 puntos de nuevo a la aguja derecha y teje los 3 puntos siguientes del derecho*. Repite de * a * hasta que quede 1 punto y téjelo del derecho.

Vuelta 4: teje todos los puntos del derecho.

Vuelta 6: teje 1 punto del derecho, *teje 3 puntos del derecho, pasa estos 3 puntos que acabas de tejer a una aguja auxiliar y rodéalos con el hilo 4 veces, de delante hacia atrás y de abajo a arriba. Pasa esos 3 puntos de nuevo a la aguja derecha y teje los 3 puntos siguientes del derecho*. Repite de * a * hasta que quede 1 punto y téjelo del derecho.

Vuelta 8: teje todos los puntos del derecho.

Repite estas 8 vueltas hasta haber completado tu labor.

Punto retina espaciado

Monta un número de puntos múltiplo de 6 + 2 y teje de la siguiente manera:

Vueltas 1, 3 y 5: teje un punto del derecho. *Pasa la hebra por delante de la labor y pasa 3 puntos sin tejer. Pasa de nuevo la hebra por detrás de la labor y teje 3 puntos del derecho*. Repite de * a * hasta que quede un punto y téjelo del derecho.

Vuelta 2 y todas las pares: teje todos los puntos del revés.

Vueltas 7, 9 y 11: teje un punto del derecho. *Teje 3 puntos del derecho. Pasa la hebra por delante de la labor y pasa 3 puntos sin tejer*. Repite de * a * hasta que quede un punto y téjelo del derecho.

Repite de la vuelta 1 a la 12 hasta terminar la labor.

Punto bambú

Monta un número de puntos múltiplo de 2 + 2 y teje de la siguiente manera:

Vueltas impares: teje un punto del derecho. *Haz una lazada rodeando la aguja con el hilo, teje 2 puntos del derecho y pasa la lazada por encima de los 2 puntos que acabas de tejer como si estuvieras cerrando un punto*. Repite de * a * hasta que quede un punto y téjelo del derecho.

Vueltas pares: teje todos los puntos del revés.

Punto inclinado

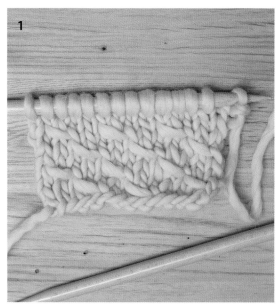

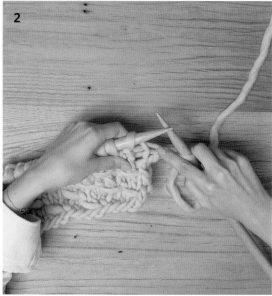

**Monta un número de puntos múltiplo de 4 + 2
y teje de la siguiente manera:**

Vuelta 1: teje el primer punto del derecho.
*Coge la hebra que hay entre el primer punto y
el segundo tal y como muestra la imagen. Teje
2 puntos del derecho. Con ayuda de la aguja izquierda, coge la hebra y pásala por encima de
los 2 puntos que has tejido del derecho. Teje 2
puntos del derecho*. Repite de * a * hasta que
quede un punto y téjelo del derecho.

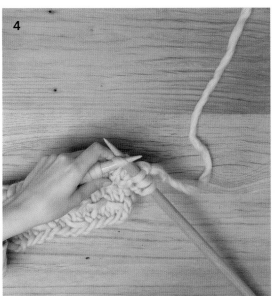

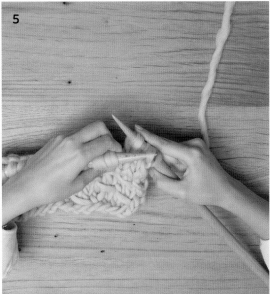

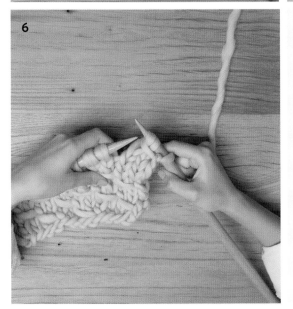

Vueltas 2 y 4: teje todos los puntos del revés.

Vuelta 3: teje un punto del derecho. *Teje 2 puntos del derecho. Coge la hebra que hay entre el tercer y el cuarto punto. Teje 2 puntos del derecho. Con ayuda de la aguja izquierda, coge la hebra y pásala por encima de los 2 puntos que has tejido del derecho*. Repite de * a * hasta que quede un punto y téjelo del derecho.

Repite de la vuelta 1 a la 4 hasta terminar la labor.

Punto mariposa

Monta un número de puntos múltiplo de 6 + 2 y teje de la siguiente manera:

Vueltas 1, 3 y 5: teje un punto del derecho. *Pasa la hebra por delante de la labor y pasa 3 puntos sin tejer.

Pasa de nuevo la hebra por detrás de la labor y teje 3 puntos del derecho*.

Repite de * a * hasta que quede un punto y téjelo del derecho.

Vuelta 2 y todas las pares: teje todos los puntos del revés.

Vuelta 7: teje un punto del derecho. *Teje un punto del derecho, coge todas las hebras que has formado en las vueltas 1, 3 y 5, y téjelas junto al siguiente punto tal y como muestra la imagen.

Teje 4 puntos del derecho*.

Repite de * a * hasta que quede un punto y téjelo del derecho.

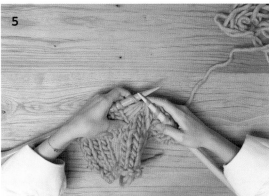

Vueltas 9, 11 y 13: teje un punto del derecho. *Teje 3 puntos del derecho. Pasa la hebra por delante de la labor y pasa 3 puntos sin tejer*.

Repite de * a * hasta que quede un punto y téjelo del derecho.

Vuelta 15: teje un punto del derecho. *Teje 4 puntos del derecho.

Coge todas las hebras que has formado en las vueltas 9, 11 y 13, y téjelas junto al siguiente punto tal y como muestran las imágenes.

Teje 1 punto del derecho*.

Repite de * a * hasta que quede un punto y téjelo del derecho.

Repite de la vuelta 1 a la 16 hasta terminar la labor.

Punto elástico especial

Monta un número de puntos múltiplo de 6 + 5 y teje de la siguiente manera:

Vuelta 1: teje 2 puntos del revés y un punto del derecho. Repite esto hasta que queden 2 puntos y téjelos del revés.

Vuelta 2: teje 2 puntos del derecho y un punto del revés. Repite esto hasta que queden 2 puntos y téjelos del derecho.

Vuelta 3: teje un punto del derecho, *pasa 3 puntos sin tejer a tu aguja derecha con la hebra hacia delante, teje un punto del revés, un punto del derecho, un punto del revés*. Repite de * a * hasta que queden 4 puntos. Pasa 3 puntos sin tejer a tu aguja derecha con la hebra hacia delante y teje un punto del revés.

Vuelta 4: teje un punto del derecho, pasa 3 puntos sin tejer a tu aguja derecha con la hebra hacia atrás, *teje un punto del derecho, un punto del revés, un punto del derecho y pasa 3 puntos sin tejer a tu aguja derecha con la hebra hacia atrás*. Repite de * a * hasta que quede un punto y téjelo del derecho.

Vuelta 5: teje 2 puntos del revés y un punto del derecho. Repite esto hasta que queden 2 puntos y téjelos del revés.

Vuelta 6: teje 2 puntos del derecho y un punto del revés. Repite esto hasta que queden 2 puntos y téjelo del derecho.

Vuelta 7: teje un punto del revés, *un punto del revés, un punto del derecho, un punto del revés y pasa 3 puntos sin tejer a tu aguja derecha con la hebra hacia delante*. Repite esto hasta que queden 4 últimos puntos y teje un punto del revés, un punto del derecho y 2 puntos del revés.

Vuelta 8: teje 2 puntos del derecho, un punto del revés, un punto del derecho, *pasa 3 puntos sin tejer a tu aguja derecha con la hebra hacia atrás, teje un punto del derecho, un punto del revés y un punto del derecho*. Repite esto hasta que quede un punto y téjelo del derecho.

Repite de la vuelta 1 a la 8 hasta terminar la labor.

Punto zigzag

Monta un número de puntos múltiplo de 3 + 1 punto y teje de la siguiente manera:

Vueltas impares: teje un punto del revés, *deja el siguiente punto sin tejer en la aguja izquierda, teje el siguiente punto del derecho insertando la aguja por detrás, ahora teje el primer punto que habías dejado sin tejer en tu aguja izquierda del derecho, desliza estos dos puntos de tu aguja izquierda, teje un punto del revés*. Repite de * a * hasta el final de la vuelta.

Vueltas pares: teje un punto del derecho,*deja el siguiente punto sin tejer en la aguja izquierda, teje el siguiente punto del revés como siempre, ahora teje el primer punto que habías dejado sin tejer en tu aguja izquierda del revés como siempre, desliza estos dos puntos de tu aguja izquierda, teje un punto del derecho*. Repite de * a * hasta el final de la vuelta.

Punto cruzado

Monta un número de puntos par y teje de la siguiente manera:

Vueltas impares: pasa la aguja por detrás del primer punto y teje el segundo punto del derecho sin sacarlo de la aguja izquierda, teje el primer punto del derecho y pasa los dos puntos tejidos a la aguja derecha. Repite hasta el final de la vuelta.

Vueltas pares: teje el primer punto de la vuelta del revés. Pasa la aguja por delante del siguiente punto y teje el que sigue del revés sin pasarlo de la aguja. Teje el punto que pasaste del revés y pasa los dos puntos tejidos a la aguja derecha. Repite hasta que quede un punto en la aguja y téjelo del revés.

Punto *herringbone*

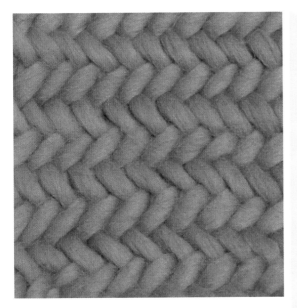

Monta un número de puntos impar y teje de la siguiente manera:

Vueltas impares: teje 2 puntos juntos del derecho cogiendo el punto por detrás. Pasa solamente el primero de esos 2 puntos a la aguja derecha. El segundo punto, téjelo junto al tercero de la misma manera que los dos anteriores. Pasa solamente el segundo punto a la aguja derecha. Sigue así hasta que quede un punto y téjelo del derecho.

Vueltas pares: teje 2 puntos juntos del revés. Pasa solamente el primero de esos 2 puntos a la aguja derecha. El segundo punto, téjelo junto al tercero del revés. Pasa solamente el segundo punto a la aguja derecha. Sigue así hasta que quede un punto y téjelo del revés.

Punto cadeneta

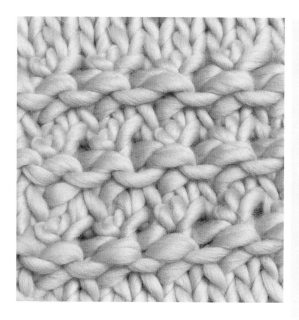

Monta un número de puntos múltiplo de 2 y teje de la siguiente manera:

Vuelta 1: teje todos los puntos del derecho.

Vuelta 2: teje todos los puntos del revés.

Vuelta 3: teje todo los puntos del derecho.

Vuelta 4: teje el primer punto del derecho. Teje 2 puntos juntos del derecho hasta que quede un punto y téjelo del derecho.

Vuelta 5: teje un punto del derecho. Teje todos los puntos dos veces, una vez del derecho y otra del revés hasta que quede un punto y téjelo del derecho.

Repite de la vuelta 2 a la 5 hasta terminar la labor.

Trenza espiral

Monta un número de puntos múltiplo de 7 + 2 y teje de la siguiente manera:

Vuelta 1: teje 2 puntos del revés. *Teje 3 puntos del derecho, pasa el siguiente punto a una aguja auxiliar por detrás de la labor y teje el siguiente punto del derecho. Recupera el punto que tenías en espera y téjelo del derecho. Teje 2 puntos del revés*. Repite de * a * hasta el final de la vuelta.

Vueltas 2, 4, 6 y 8: teje 2 puntos del derecho. *Teje 5 puntos del revés, teje 2 puntos del derecho*. Repite de * a * hasta el final de la vuelta.

Vuelta 3: teje 2 puntos del revés. *Teje 2 puntos del derecho, pasa el siguiente a una aguja auxiliar por detrás de la labor y teje el siguiente pun-

to del derecho. Recupera el punto que tenías en espera y téjelo del derecho. Teje un punto del derecho y 2 puntos del revés*. Repite de * a * hasta el final de la vuelta.

Vuelta 5: teje 2 puntos del revés. *Teje un punto del derecho, pasa un punto a una aguja auxiliar por detrás de la labor y teje el siguiente punto del derecho. Recupera el punto que tenías en espera y téjelo del derecho. Teje 2 puntos del derecho y 2 puntos del revés*. Repite de * a * hasta el final de la labor.

Vuelta 7: teje 2 puntos del revés. *Pasa un punto a una aguja auxiliar por detrás de la labor y teje el siguiente punto del derecho. Recupera el punto que tenías en espera y téjelo del derecho. Teje 3 puntos del derecho y 2 puntos del revés*. Repite de * a * hasta el final de la vuelta.

Repite de la vuelta 1 a la 8 hasta terminar la labor.

Trenza eslabón

Monta un número de puntos mínimo de 16, múltiplo de 8 y teje de la siguiente manera:

Vueltas 1, 3, 7 y 9: teje el primer punto del revés. Teje alternando 2 puntos del derecho seguidos de 2 puntos del revés hasta que quede un punto y téjelo del revés.

Vueltas pares: teje el primer punto del derecho. Teje alternando 2 puntos del revés seguidos de 2 puntos del derecho hasta que quede un punto y téjelo del derecho.

Vuelta 5: teje el primer punto del revés, 2 puntos del derecho y 2 puntos del revés. *Cuenta 6 puntos, e inserta la aguja entre el sexto y el séptimo punto. Rodea la aguja y sácala aguja con la hebra. Coloca esa hebra en la aguja izquierda y téjela junto al siguiente punto del derecho. Teje un punto del derecho, 2 puntos del revés, 2 puntos del derecho y 2 puntos del revés*. Repite de * a * hasta que queden 3 puntos. Teje 2 puntos del derecho y un punto del revés.

Vuelta 11: teje el primer punto del revés. *Cuenta 6 puntos, e inserta la aguja entre el sexto y el séptimo punto. Rodea la aguja y sácala con la hebra. Coloca esa hebra en la aguja izquierda y téjela junto al siguiente punto del derecho. Teje un punto del derecho, 2 puntos del revés, 2 puntos del derecho y 2 puntos del revés*. Repite de * a * hasta que queden 7 pun-

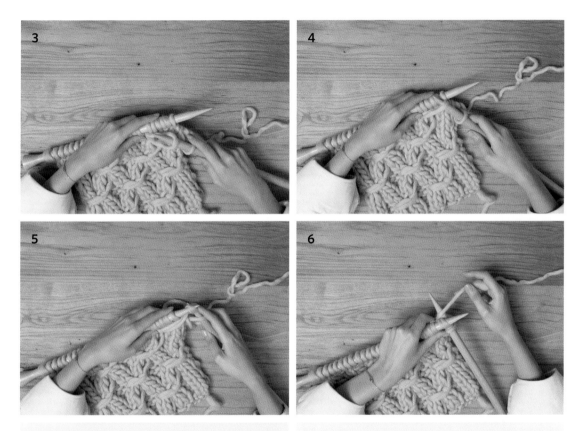

tos. Cuenta 6 puntos, e inserta la aguja entre el sexto y el séptimo punto. Rodea la aguja y sácala con la hebra. Coloca esa hebra en la aguja izquierda y téjela junto al siguiente punto del derecho. Teje un punto del derecho, 2 puntos del revés, 2 puntos del derecho y un punto del revés.

Repite de la vuelta 1 a la 12 hasta terminar la labor.

Punto red

Monta el número de puntos que quieras y teje de la siguiente manera:

Vueltas impares: teje todos los puntos del revés.

Vueltas pares: teje 2 puntos juntos del derecho y haz una lazada. Repite esto hasta el final de la vuelta.

Punto calado columnas

Monta un número de puntos múltiplo de 4 y teje de la siguiente manera:

Vueltas impares: teje 2 puntos juntos del derecho, haz dos lazadas y un surjete simple. Repite esto hasta el final de la vuelta.

Vueltas pares: *teje un punto del revés. Teje el siguiente punto (la lazada doble de la vuelta anterior) dos veces, la primera del revés y la siguiente del derecho. Teje un punto del revés*. Repite de * a * hasta el final de la vuelta.

Punto calado elástico

Monta un número de puntos múltiplo de 4 y teje de la siguiente manera:

Teje un punto del derecho, haz una lazada, teje 2 puntos juntos del revés y teje un punto del derecho.

Repite esto hasta el final de la vuelta y hasta terminar la labor.

Punto calado diagonal

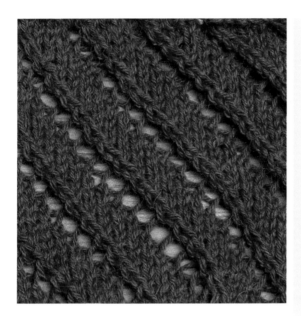

Monta un número de puntos múltiplo de 5 + 2 y teje de la siguiente manera:

Vuelta 1: teje un punto del derecho. *Haz una lazada, un surjete simple y teje 3 puntos del derecho*. Repite de * a * hasta que quede un punto y téjelo del derecho.

Vueltas pares: teje todos los puntos del revés.

Vuelta 3: teje 2 puntos del derecho. *Haz una lazada, un surjete simple y teje 3 puntos del derecho*. Repite de * a * hasta el final de la vuelta.

Vuelta 5: teje 3 puntos del derecho. *Haz una lazada, un surjete simple y teje 3 puntos del derecho*. Repite de * a * hasta que queden 4 puntos. Haz una lazada, un surjete simple y teje 2 puntos del derecho.

Vuelta 7: teje 4 puntos del derecho. *Haz una lazada, un surjete simple y teje 3 puntos del derecho*. Repite de * a * hasta que queden 3 puntos. Haz una lazada, un surjete simple y teje un punto del derecho.

Vuelta 9: teje 5 puntos del derecho. *Haz una lazada, un surjete simple y teje 3 puntos del derecho*. Repite de * a * hasta que queden 2 puntos y téjelos del derecho.

Repite de la vuelta 1 a la 10 hasta terminar la labor.

Punto calado básico

Monta un número de puntos impar y teje de la siguiente manera:

Pasa el primer punto sin tejer. *Teje dos puntos juntos del derecho y haz una lazada*. Repite de * a * hasta que queden 2 puntos y téjelos del derecho.

Repite estas instrucciones en todas las vueltas hasta terminar la labor.

Punto picos de oca

Monta un número de puntos múltiplo de 8 + 1 y teje de la siguiente manera:

Vuelta 1: pasa el primer punto sin tejer. *Haz una lazada, teje 2 puntos juntos del revés y teje 6 puntos del revés*. Repite de * a * hasta el final de la vuelta.

Vueltas 2, 4 y 6: teje alternando 7 puntos del derecho seguido de un punto del revés hasta que quede un punto y téjelo del derecho.

Vueltas 3, 5 y 7: pasa el primer punto sin tejer. *Teje alternando un punto del derecho seguido de 7 puntos del revés hasta el final de la vuelta.

Vueltas 8 y 16: teje todos los puntos del revés.

Vuelta 9: pasa el primer punto sin tejer. *Teje 4 puntos del revés, haz una lazada, teje 2 puntos juntos del revés y 2 puntos del revés*. Repite de * a * hasta el final de la vuelta.

Vueltas 10, 12 y 14: teje 3 puntos del derecho, un punto del revés y 4 puntos del derecho. Repite esto hasta que quede un punto y téjelo del derecho.

Vueltas 11, 13 y 15: pasa el primer punto sin tejer. *Teje 4 puntos del revés, un punto del derecho y 3 puntos del revés*. Repite de * a * hasta el final de la vuelta.

Repite de la vuelta 1 a la 16 hasta terminar la labor.

Punto arroz bicolor

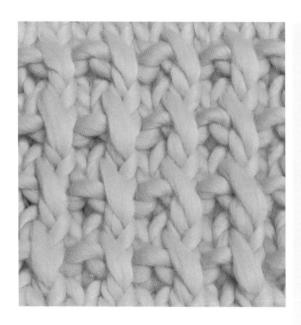

Para tejer el punto de arroz bicolor, necesitarás dos ovillos de distinto color. Monta un número de puntos impar y teje de la siguiente manera:

Vuelta 1: teje todos los puntos del derecho con el color A.

Vuelta 2: teje todos los puntos del revés con el color A.

Vuelta 3: pasa el primer punto (en color A) sin tejer, cogiendo dicho punto por la hebra de detrás. Coge la hebra del hilo de color B y teje el segundo punto del derecho. Pasa el tercer punto (en color A) sin tejer, cogiendo dicho punto por detrás. Coge el hilo de color B y teje el cuarto punto del derecho. Repite estos pasos hasta finalizar toda la vuelta.

Vuelta 4: repite la vuelta 3.

Repite de la vuelta 1 a la 4 hasta terminar la labor.

Punto nido de abeja bicolor

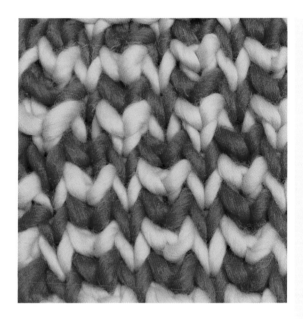

Monta un número de puntos múltiplo de 2 con el color A y teje de la siguiente manera:

Vuelta 1: teje todos los puntos del derecho con el color A.

Vuelta 2: teje todos los puntos del derecho.

Vuelta 3: cambia al color B. Teje alternando un punto hondo seguido de un punto del derecho hasta el final de la vuelta.

Vuelta 4: teje todos los puntos del derecho.

Vuelta 5: cambia al color A. Teje alternando un punto hondo seguido de un punto del derecho hasta el final de la vuelta.

Vuelta 6: teje todos los puntos del derecho.

Repite de la vuelta 3 a la 6 hasta terminar la labor.

PUNTOS
DE NIVEL
AVANZADO

Punto copos de nieve

Para tejer este punto, primero tendrás que aprender a hacer los copos. Sigue los siguientes pasos:

Con la hebra por delante, teje 3 puntos del revés juntos. No saques los puntos de la aguja.

Pasa la hebra hacia atrás y teje otra vez estos 3 puntos del derecho. No saques los puntos de la aguja.

Pasa la hebra hacia delante, téjelos una vez más del revés. Ahora sí, termina de tejerlos y pásalos a la aguja derecha.

Monta un número de puntos múltiplo de 6 + 5 puntos y teje de la siguiente manera:

Vuelta 1: teje todos los puntos del derecho.

Vuelta 2: teje todos los puntos del revés.

Vuelta 3: teje 1 punto del derecho,*teje un copo de nieve, 3 puntos del derecho*. Repite de * a * hasta que queden 4 puntos, teje 1 copo de nieve, 1 punto del derecho para finalizar.

Vuelta 4: teje todos los puntos del revés.

Repite estas 4 vueltas hasta terminar la labor.

Punto abanicos

Monta un número de puntos múltiplo de 6 más 1 punto extra.

Teje de la vuelta 1 a la 5 a punto jersey.

Teje de la vuelta 6 a la 8 de la siguiente manera:

Vuelta 6: teje un punto del derecho. *Teje un punto del derecho rodeando la aguja con el hilo 3 veces*. Repite de * a * 4 veces más. Repite de principio a fin estas instrucciones hasta que te quede un punto y téjelo del derecho.

Vuelta 7: teje un punto del revés. Pasa la hebra por detrás de la labor. A continuación, pasa los cinco siguientes puntos a la aguja derecha, tomando únicamente una de las hebras y soltando las otras dos. *Pasa la hebra por delante de la labor. Pasa los cinco puntos a la aguja izquierda de nuevo sin tejer y pasa la hebra por detrás de la labor. Pasa los cinco puntos a la aguja derecha sin tejer*. Repite de * a * una vez más.

Repite estas instrucciones hasta que quede un punto y téjelo del revés.

Vuelta 8: teje todos los puntos del derecho.

Repite de la vuelta 1 a la 8 hasta obtener el largo deseado.

Punto flores

Para tejer este punto, necesitarás aprender a tejer las flores. Para ello, sigue estas instrucciones:

Inserta la aguja derecha en el segundo punto hacia abajo y hacia la izquierda. Este será el centro de nuestra flor, nuestro punto guía.

Coge el hilo con la aguja derecha que queda por la parte de atrás de la labor. Saca la aguja y deja el bucle formado en tu aguja derecha. Esta es la primera ramita de tu diente de león.

Teje 2 puntos del derecho y forma el segundo pétalo de tu flor repitiendo los pasos 2 y 3.

Teje 2 puntos del derecho y forma el tercer pétalo de tu flor igual que los anteriores.

Ahora que ya sabes formar los pétalos de la flor, sigue estos pasos para tejer el punto completo.

Monta un número de puntos mínimo de 17 y múltiplo de 8 + 1 y teje de la siguiente manera:

Vueltas 1 y 3: teje todos los puntos del derecho.

Vueltas 2 y 4: teje todos los puntos del revés.

Vuelta 5: teje 3 puntos del derecho, teje una flor,*4 puntos del derecho y una flor*. Repite de * a * hasta que queden 2 puntos y téjelos del derecho.

Vuelta 6: teje 2 puntos del revés, 2 puntos juntos del revés, 1 punto del revés, 2 puntos juntos del revés, 1 punto del revés, 2 puntos juntos del revés, *3 puntos del revés, 2 puntos juntos del revés, 1 punto del revés, 2 puntos juntos del revés, 1 punto del revés, 2 puntos juntos del revés*. Repite de * a * hasta que queden 2 puntos y téjelos del revés.

Vueltas 7 a 10: repite las vueltas 1 a 4.

Vuelta 11: teje 7 puntos del derecho, *teje una flor, 4 puntos del derecho*. Repite de * a * hasta que queden 2 puntos y téjelos del derecho.

Vuelta 12: teje 6 puntos del revés, *2 puntos juntos del revés, 1 punto del revés, 2 puntos juntos del revés, 1 punto del revés, 2 puntos juntos del revés, 3 puntos del revés*. Repite de * a * hasta que queden 3 puntos y téjelos del revés.
Repite de la vuelta 1 a la 12 hasta terminar la labor.

Punto bobo doble

Este tipo de punto es reversible, y no importa el número de puntos que montes. Para tejerlo, sigue las siguientes instrucciones:

Vuelta 1: teje todos los puntos del derecho, rodeando la aguja dos veces en lugar de una, de modo que por cada punto que tejas, formarás dos.

Vuelta 2: teje el primer punto del derecho. *Teje los dos siguientes puntos juntos del derecho, rodeando la aguja dos veces en lugar de una tal y como muestra la imagen*. Repite de * a * hasta que quede un punto y téjelo del derecho rodeando la aguja dos veces en lugar de una.

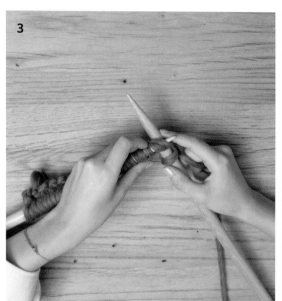

Vuelta 3: teje el primer punto del derecho. *Teje los dos siguientes puntos juntos del derecho, rodeando la aguja dos veces en lugar de una, tal y como muestra la imagen*. Repite de * a * hasta el final de la vuelta.

Repite la vuelta 3 hasta terminar la labor.

Punto bucle

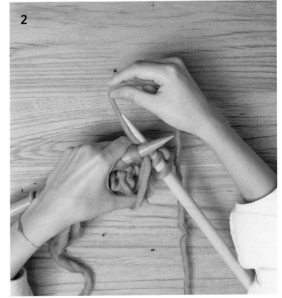

Para tejer este punto, primero tendrás que aprender cómo tejer el bucle:

En el momento que te toque formar un bucle, inserta la aguja como si fueras a tejer ese punto del derecho. Pasa la hebra hacia delante y sujétala con el dedo gordo de la mano izquierda. Vuelve a pasar la hebra y teje el punto del derecho. Al tejer esto, se forma 1 punto más; monta la primera hebra sobre la segunda para tener de nuevo un solo punto.

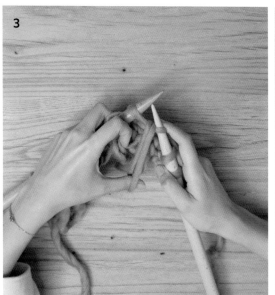

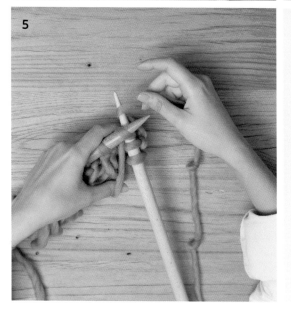

Monta un número de puntos impar y teje de la siguiente manera:

Vueltas impares: teje alternando un punto del derecho seguido de un bucle hasta que quede un punto y téjelo del derecho.

Vueltas pares: teje todos los puntos del revés.

Punto bolitas

Para tejer este punto, lo primero que tendrás que hacer es aprender a tejer las bolitas:

Cuando llegues al punto en el que tienes que hacer una bolita, teje ese punto del derecho. Sin pasarlo a la aguja derecha, pasa la hebra por delante de la labor y teje de nuevo ese punto del revés; sin pasarlo a la aguja derecha, pasa la hebra por detrás de la labor y vuelve a tejerlo del derecho. Pásalo a la aguja derecha.

Da la vuelta a la labor y teje estos 3 puntos del revés. Vuelve a dar la vuelta a la labor y teje los 3 puntos juntos del derecho, de forma que te quede un solo punto y con la bolita ya formada. Ahora puedes continuar tejiendo hasta el punto en el que tengas que hacer la siguiente bolita, momento en el que tendrás que repetir estos pasos.

Monta un número de puntos múltiplo de 4 + 2 para los bordes y teje de la siguiente manera:

Vuelta 1: teje todos los puntos del derecho.

Vueltas pares: teje todos los puntos del revés.

Vuelta 3: teje un punto del derecho. *Teje 3 puntos del derecho y haz una bolita*. Repite de * a * hasta que quede un punto y téjelo del derecho.

Vueltas 5 y 7: teje todos los puntos del derecho.

Vuelta 9: teje un punto del derecho. *Haz una bolita y teje 3 puntos del derecho*. Repite de * a * hasta que quede un punto y téjelo del derecho.

Repite de la vuelta 1 a la 10 hasta terminar la labor.

Punto panal

Monta un número de puntos par y teje de la siguiente manera:

Vueltas 1 y 3: teje todos los puntos del derecho.

Vuelta 2: teje alternando un punto derecho seguido de un punto hondo hasta el final de la vuelta.

Vuelta 4: teje alternando un punto hondo seguido de un punto del derecho.

Repite de la vuelta 1 a la 4 hasta terminar la labor.

Punto garbanzo

Monta un número de puntos múltiplo de 4 y teje de la siguiente manera:

Vuelta 1: teje todos los puntos del revés.

Vuelta 2: teje 3 puntos juntos del revés y teje el siguiente punto tres veces, una del derecho, una del revés y otra del derecho. Repite esto hasta el final de la vuelta.

Vuelta 3: teje todos los puntos del revés.

Vuelta 4: teje el primer punto tres veces, una del derecho, una del revés y otra del derecho y teje 3 puntos juntos del revés. Repite esto hasta el final de la vuelta.

Repite de la vuelta 1 a la 4 hasta el final de la vuelta.

Punto mora

Monta un número de puntos múltiplo de 5 y teje de la siguiente manera:

Vuelta 1: teje 3 puntos del derecho. *Teje el siguiente punto del derecho, vuelve a colocar el punto en la aguja izquierda y téjelo de nuevo por la hebra trasera*. Repite de * a * 3 veces y teje un punto del derecho. Repite esto hasta el final de la vuelta.

Vuelta 2: teje todos los puntos del revés.

Vuelta 3: teje un punto del derecho. *Teje el siguiente punto del derecho, vuelve a colocar el punto en la aguja izquierda y téjelo de nuevo por la hebra trasera*. Repite de * a * 3 veces y teje 3 puntos del derecho. Repite esto hasta el final de la vuelta.

Vuelta 4: teje todos los puntos del revés.

Repite de la vuelta 1 a la 4 hasta terminar la labor.

Punto nido de abeja

Monta un número de puntos múltiplo de 4 + 1 y teje de la siguiente manera:

Vueltas 1 y 3: teje todos los puntos del revés.

Vuelta 2: teje todos los puntos del derecho.

Vuelta 4: teje 3 puntos del derecho, saca el siguiente punto de la aguja izquierda y deshaz tres vueltas y téjelo del derecho. Repite esto hasta que quede un punto y téjelo del derecho.

Vueltas 5 y 7: teje todos los puntos del revés.

Vuelta 6: teje todos los puntos del derecho.

Vuelta 8: teje un punto del derecho, *saca el siguiente punto de la aguja izquierda y deshaz tres vueltas y téjelo del derecho y teje 3 puntos del derecho*. Repite de * a * hasta el final de la vuelta.

Repite de la vuelta 1 a la 8 hasta terminar la labor.

Punto cocos

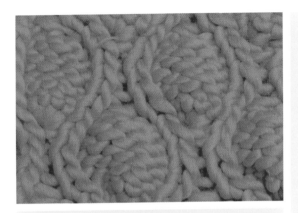

Monta un número de puntos múltiplo de 8 + 1 y teje de la siguiente manera:

Vueltas 1 y 11: teje un punto del revés. *Teje un punto del derecho, un punto del revés, 5 puntos del derecho y un punto del revés*. Repite de * a * hasta el final de la vuelta.

Vueltas 2, 10 y 12: teje un punto del derecho. *Teje 5 puntos del revés, un punto del derecho, un punto del revés y un punto del derecho*. Repite de * a * hasta el final de la vuelta.

Vuelta 3: teje un punto del revés. *Haz un aumento tomando la hebra que hay entre el primer y el segundo punto y téjelo del derecho. Teje el siguiente punto 3 veces, la primera del derecho, la segunda del revés y la tercera del derecho. Haz un aumento de la misma manera que antes y téjelo del derecho. Teje un punto del revés, 5 puntos juntos del revés y un punto del revés*. Repite de * a * hasta el final de la vuelta.

Vueltas 4, 6 y 8: teje un punto del derecho. *Teje un punto del revés, un punto del derecho, 5 puntos del revés y un punto del derecho*. Repite de * a * hasta el final de la vuelta.

Vueltas 5 y 7: teje un punto del revés. *Teje 5 puntos del derecho, un punto del revés, un punto del derecho y un punto del revés*. Repite de * a * hasta el final de la vuelta.

Vuelta 9: teje un punto del revés. *Teje 5 puntos juntos del revés y un punto del revés. Haz un aumento de la misma forma que en la vuelta 3 y téjelo del derecho. Teje el siguiente punto 3 veces, la primera del derecho, la segunda del revés y la tercera del derecho. Haz un aumento de la misma manera que antes y téjelo del derecho. Teje un punto del revés*. Repite de * a * hasta el final de la vuelta.

Repite de la vuelta 1 a la 12 hasta terminar la labor.

Punto globos

Monta un número de puntos múltiplo de 6 + 2 y teje de la siguiente manera:

Vuelta 1: pasa 1 punto sin tejer, *teje 1 punto del derecho, 2 puntos del revés, 1 punto del derecho y 2 puntos del revés*. Repite de * a * hasta que quede 1 punto y téjelo del derecho.

Vuelta 2: pasa 1 punto sin tejer *teje 2 puntos del derecho, 2 puntos del revés, 1 punto del derecho y 1 punto del revés*. Repite de * a * hasta que quede 1 punto y téjelo del revés.

Vuelta 3: pasa 1 punto sin tejer, *teje 1 punto del derecho, 2 puntos del revés, retuerce el siguiente punto y forma 5 puntos en uno y teje 2 puntos del revés*. Repite de * a * hasta que quede 1 punto y téjelo del derecho.

Vueltas 4, 6 y 8: pasa 1 punto sin tejer, *teje 9 puntos del derecho y 1 punto del revés*. Repite de * a * hasta que quede 1 punto y téjelo del derecho.

Vueltas 5 y 7: pasa 1 punto sin tejer, *teje 1 punto del derecho y 9 puntos del revés*. Repite de * a * hasta que quede 1 punto y téjelo del derecho.

Vuelta 9: pasa 1 punto sin tejer, *teje 1 punto del derecho, 2 puntos del revés, 5 puntos juntos del derecho y 2 puntos del revés*. Repite de * a * hasta que quede 1 punto y téjelo del derecho.

Vuelta 10: pasa 1 punto sin tejer, *teje 2 puntos del derecho, 1 punto del revés, 2 puntos del derecho y 1 punto del revés*. Repite de * a * hasta que quede 1 punto y téjelo del derecho.

Vuelta 11: pasa 1 punto sin tejer, *retuerce el siguiente punto y forma 5 puntos en uno, teje 2 puntos del revés, 1 punto del derecho y 2 puntos del revés*. Repite de * a * hasta que quede 1 punto y téjelo del derecho.

Vueltas 12, 14 y 16: pasa 1 punto sin tejer, *teje 2 puntos del derecho, 1 punto del revés y 7 puntos del derecho*. Repite de * a * hasta que quede 1 punto y téjelo del derecho.

Vueltas 13 y 15: pasa 1 punto sin tejer *teje 7 puntos del revés, 1 punto del derecho y 2 puntos del revés*. Repite de * a * hasta que quede 1 punto y téjelo del derecho.

Vuelta 17: pasa 1 punto sin tejer, *teje 5 puntos juntos del derecho, 2 puntos del revés, 1 punto del derecho y 2 puntos del revés*. Repite de * a * hasta que quede 1 punto y téjelo del derecho.

Trenza simple

Monta 6 puntos para la trenza más los puntos que quieras para los bordes y teje de la siguiente manera:

Vuelta 1: teje del revés hasta llegar a los 6 puntos centrales. Teje los 6 puntos del derecho y el resto de puntos del revés.

Vueltas pares: teje del derecho hasta llegar a los 6 puntos centrales. Teje los 6 puntos del revés y el resto de puntos del derecho.

Vuelta 3: teje del revés hasta llegar a los 6 puntos centrales. Pasa 3 puntos a una aguja auxiliar por detrás de la labor y teje los 3 puntos siguientes del derecho. Recupera los 3 puntos que tenías en espera y téjelos del derecho. Teje el resto de puntos del revés.

Repite de la vuelta 1 a la 4 hasta terminar la labor.

Ocho básico

Monta 5 puntos para la trenza más los puntos que quieras para los bordes y teje de la siguiente manera:

Vueltas 1, 3 y 5: teje del revés hasta llegar a los 5 puntos centrales. Teje 5 puntos del derecho y el resto de puntos del revés.

Vueltas pares: teje del derecho hasta llegar a los 5 puntos centrales. Teje 5 puntos del revés y el resto de puntos del derecho.

Vuelta 7: teje del revés hasta llegar a los 5 puntos centrales. Pasa un punto a la aguja auxiliar por delante de la labor. Pasa 3 puntos a la aguja auxiliar por detrás de la labor. Teje el siguiente punto del derecho. Recupera los 3 puntos de detrás de la labor y téjelos del derecho. A continuación, recupera el punto que tenías delante de labor y téjelo del derecho. Teje el resto de puntos del revés.

Repite de la vuelta 1 a la 8 hasta terminar la labor.

Trenza tres cabos

Monta 6 puntos para la trenza más los puntos que quieras para los bordes y teje de la siguiente manera:

Vueltas 1, 5 y 9: teje del revés hasta llegar a los 6 puntos centrales. Teje los 6 puntos del derecho y el resto de puntos del revés.

Vueltas pares: teje del derecho hasta llegar a los 6 puntos centrales. Teje los 6 puntos del revés y el resto de puntos del derecho.

Vuelta 3: teje del revés hasta llegar a los 6 puntos centrales. Pasa los 2 primeros puntos a una aguja auxiliar y déjalos en espera detrás de la labor. Teje los 2 puntos siguientes del derecho. Retoma los 2 puntos que tenías en espera y téjelos del derecho. Teje 2 puntos del derecho y el resto de puntos del revés.

Vuelta 7: teje del revés hasta llegar a los 6 puntos centrales. Teje 2 puntos del derecho. Pasa los 2 siguientes puntos a una aguja auxiliar y déjalos en espera delante de la labor. Teje los 2 puntos siguientes del derecho. Retoma los 2 puntos que tenías en espera y téjelos del derecho. Teje el resto de puntos del revés.

Repite de la vuelta 1 a la 10 hasta terminar la labor.

Trenza cadena

Montar 6 puntos para la trenza más los puntos que quieras para los bordes y teje de la siguiente manera:

Vueltas 1, 3, 5 y 9: teje del revés hasta llegar a los 6 puntos centrales. Teje 6 puntos del derecho y el resto de puntos del revés.

Vueltas pares: teje del derecho hasta llegar a los 6 puntos centrales. Teje 6 puntos del revés y el resto de puntos del derecho.

Vuelta 7: teje del revés hasta llegar a los 6 puntos centrales. Pasa 2 puntos a una aguja auxiliar detrás de la labor. Pasa los 2 siguientes puntos a otra aguja auxiliar delante de la labor. Teje los 2 siguientes puntos del derecho. Recupera los puntos que estaban en espera en la parte de delante y téjelos del derecho. Pasa la hebra por delante de la labor y recupera los puntos que estaban detrás de la labor. Pasa de nuevo la hebra por detrás de la labor y teje los 2 puntos del derecho. Teje el resto de puntos del revés.

Repite de la vuelta 1 a la 10 hasta terminar la labor.

Trenza abierta

Monta 8 puntos más el número de puntos que quieras a los laterales y teje de la siguiente manera:

Vuelta 1: teje del revés hasta llegar a los 8 puntos centrales. Teje los 8 puntos del derecho y los puntos restantes del revés.

Vuelta 2: teje del derecho hasta llegar a los 8 puntos centrales. Teje los 8 puntos del revés y los puntos restantes del derecho.

Vuelta 3: teje del revés hasta llegar a los 8 puntos centrales. Teje un punto del revés. Pasa un punto a la aguja auxiliar por detrás de la labor y teje los dos siguientes puntos del derecho. Recupera el punto que tenías en espera y téjelo del revés. Pasa 2 puntos a la aguja auxiliar por delante de la labor y teje el siguiente punto del revés. Recupera los puntos que tenías en espera y téjelos del derecho. Teje el siguiente punto y todos los que tengas hasta el final de la vuelta del revés.

Vuelta 4: teje del derecho hasta llegar a los 8 puntos centrales. Teje un punto del derecho, 2 puntos del revés, 2 puntos del derecho, 2 puntos del revés y un punto del derecho. Teje el resto de puntos del derecho.

Vuelta 5: teje del revés hasta llegar a los 8 puntos centrales. Pasa un punto a la aguja auxiliar por detrás de la labor y teje los dos siguientes puntos del derecho. Recupera el punto que tenías en espera y téjelo del revés. Teje 2 puntos del revés. Pasa 2 puntos a la aguja auxiliar por delante de la labor y teje el siguiente punto del revés. Recupera los puntos que tenías en espera y téjelos del derecho. Teje todos los que tengas hasta el final de la vuelta del revés.

Vuelta 6: teje del derecho hasta llegar a los 8 puntos centrales. Teje 2 puntos del revés, 4 puntos del derecho y 2 puntos del revés. Teje el resto de puntos del derecho.

Repite de la vuelta 1 a la 6 hasta terminar la labor.

Trenza doble

Monta 12 puntos más los puntos que quieras para los bordes y teje de la siguiente manera:

Vueltas 1, 5 y 9: teje del revés hasta llegar a los 12 puntos centrales. Teje 12 puntos del derecho y el resto de puntos del revés.

Vueltas pares: teje del derecho hasta llegar a los 12 puntos centrales. Teje los 12 puntos del revés y el resto de puntos del derecho.

Vuelta 3: teje del revés hasta llegar a los 12 puntos centrales. *Pasa 2 puntos a una aguja auxiliar detrás de la labor y teje los 2 puntos siguientes del derecho. Recupera los puntos que tenías en espera y téjelos del derecho*. Repite esto dos veces más y teje el resto de puntos del revés.

Vuelta 7: teje del revés hasta llegar a los 12 puntos centrales. Teje 2 puntos del derecho. *Pasa 2 puntos a una aguja auxiliar delante de la labor y teje los 2 puntos siguientes del derecho. Recupera los 2 puntos que tenías en espera y téjelos del derecho*. Repite de * a * una vez más. Teje 2 puntos del derecho y teje el resto de puntos del revés.

Repite de la vuelta 3 a la 10 hasta terminar la labor.

Trenza candelabro

Monta 16 puntos más el número de puntos que quieras a cada lado y teje de la siguiente manera:

Vuelta 1 y todas las impares: teje todos los puntos del revés.

Vuelta 2: teje del revés hasta llegar a los 16 puntos centrales. Teje 4 puntos del derecho. Pasa 2 puntos a una aguja auxiliar por detrás de la labor. Teje los 2 puntos siguientes del derecho. Recupera los puntos que tenías en la aguja auxiliar y téjelos del derecho.
Pasa 2 puntos a una aguja auxiliar por delante de la labor. Teje los 2 puntos siguientes del derecho. Recupera los puntos que tenías en la aguja auxiliar y téjelos del derecho. Teje 4 puntos del derecho y teje el resto de puntos del revés.

Vuelta 4: teje del revés hasta llegar a los 16 puntos centrales. Teje 2 puntos del derecho. Pasa 2 puntos a una aguja auxiliar por detrás de la labor. Teje los 2 puntos siguientes del dere-

cho. Recupera los puntos que tenías en la aguja auxiliar y téjelos del derecho.
Teje 4 puntos del derecho. Pasa 2 puntos a una aguja auxiliar por delante de la labor. Teje los 2 puntos siguientes del derecho. Recupera los puntos que tenías en la aguja auxiliar y téjelos del derecho. Teje 2 puntos del derecho y teje el resto de puntos del revés.

Vuelta 6: teje del revés hasta llegar a los 16 puntos centrales. Pasa 2 puntos a una aguja auxiliar por detrás de la labor. Teje los 2 puntos siguientes del derecho. Recupera los puntos que tenías en la aguja auxiliar y téjelos del derecho.
Teje 8 puntos del derecho. Pasa 2 puntos a una aguja auxiliar por delante de la labor. Teje los 2 puntos siguientes del derecho. Recupera los puntos que tenías en la aguja auxiliar y téjelos del derecho. Teje el resto puntos del revés.

Repite de la vuelta 1 a la 6 hasta terminar la labor.

Trenza candelabro II

Montar 12 para la trenza más los puntos que quieras para los bordes y teje de la siguiente manera:

Vueltas 1 y 3: teje del revés hasta llegar a los 12 puntos centrales. Teje los 12 puntos del derecho y el resto de puntos del revés.

Vueltas 2, 4 y 6: teje del derecho hasta llegar a los 12 puntos centrales. Teje los 12 puntos del revés y el resto de puntos del derecho.

Vuelta 5: teje del revés hasta llegar a los 12 puntos centrales. Pasa los 3 puntos siguientes a una aguja auxiliar detrás de la labor y teje los 3 puntos siguientes del derecho. Recupera los puntos que tenías en espera y tejerlos del derecho. Pasa 3 puntos a una aguja auxiliar delante de la labor y teje 3 puntos del derecho. Recupera los puntos que tenías en espera y téjelos del derecho. Teje el resto de puntos del revés.

Repite de la vuelta 1 a la 6 hasta terminar la labor.

Trenza serpiente

Monta 8 puntos más los puntos que quieras para los bordes y teje de la siguiente manera:

Vueltas 1 y 5: teje del revés hasta llegar a los 8 puntos centrales. Teje los 8 puntos del derecho y el resto del revés.

Vueltas 2, 4, 6 y 8: teje del derecho hasta llegar a los 8 puntos centrales. Teje los 8 puntos del revés y el resto del derecho.

Vuelta 3: teje del revés hasta llegar a los 8 puntos centrales. Pasa 2 puntos a una aguja auxiliar por detrás de la labor y teje los 2 puntos siguientes del derecho. Recupera los puntos que tenías en espera y téjelos del derecho. Pasa 2 puntos a una aguja auxiliar por delante de la labor y teje los 2 puntos siguientes del derecho.

Recupera los puntos que tenías en espera y téjelos del derecho. Teje el resto de puntos del revés.

Vuelta 7: teje del revés hasta llegar a los 8 puntos centrales. Pasa 2 puntos a una aguja auxiliar por delante de la labor y teje los 2 puntos siguientes del derecho. Recupera los puntos que tenías en espera y téjelos del derecho. Pasa 2 puntos a una aguja auxiliar por detrás de la labor y teje los 2 puntos siguientes del derecho. Recupera los puntos que tenías en espera y téjelos del derecho. Recupera los puntos que tenías en espera y téjelos del derecho. Teje el resto de puntos del revés.

Repite de la vuelta 1 a la 8 hasta terminar la labor.

Trenza serpiente doble

Monta un número de puntos múltiplo de 16 + 4 y teje de la siguiente manera:

Vueltas 1 y 5: teje 2 puntos del revés y *16 puntos del derecho*. Repite de * a * hasta que queden 2 puntos y téjelos del revés.

Vueltas 2, 4, 6 y 8: teje 2 puntos del derecho y *16 puntos del revés*. Repite de * a * hasta que queden 2 puntos y téjelos del derecho.

Vuelta 3: teje 2 puntos del revés. *Pasa 2 puntos a una aguja auxiliar por detrás de la labor y teje los 2 puntos siguientes del derecho. Recupera los puntos que tenías en espera y téjelos del derecho. Pasa 2 puntos a una aguja auxiliar por delante de la labor y teje los 2 puntos siguientes del derecho. Recupera los puntos que

tenías en espera y téjelos del derecho*. Repite de * a * hasta que queden 2 puntos y téjelos del revés.

Vuelta 7: teje 2 puntos del revés. *Pasa 2 puntos a una aguja auxiliar por delante de la labor y teje los 2 puntos siguientes del derecho. Recupera los puntos que tenías en espera y téjelos del derecho. Pasa 2 puntos a una aguja auxiliar por detrás de la labor y teje los 2 puntos siguientes del derecho. Recupera los puntos que tenías en espera y téjelos del derecho. Recupera los puntos que tenías en espera y téjelos del derecho*. Repite de * a * hasta que queden 2 puntos y téjelos del revés.

Repite de la vuelta 1 a la 8 hasta terminar la labor.

Punto rombos calados

Monta un número de puntos múltiplo de 10 + 1 y teje de la siguiente manera:

Vueltas impares: teje todos los puntos del derecho.

Vuelta 2: teje 3 puntos del derecho, *teje 2 puntos juntos del derecho, haz una lazada, teje un punto del derecho, haz una lazada, teje 2 puntos juntos del derecho, 5 puntos del derecho*. Repite de * a * hasta que queden 8 puntos. Teje 2 puntos juntos del derecho, haz una lazada, teje un punto del derecho, haz una lazada, teje 2 puntos juntos del derecho y 3 puntos del derecho.

Vuelta 4: teje 2 puntos del derecho, *2 puntos juntos del derecho, haz una lazada, teje 3 puntos del derecho, haz una lazada, teje 2 puntos juntos del derecho, 3 puntos del derecho*. Repite de * a * hasta que queden 9 puntos. Teje 2 puntos juntos del derecho, haz una lazada, teje 3 puntos del derecho, haz una lazada, teje 2 puntos juntos del derecho y 2 puntos del derecho.

Vuelta 6: teje 1 punto del derecho, *teje 2 puntos juntos del derecho, haz una lazada, teje 5 puntos del derecho, haz una lazada, teje 2 puntos juntos del derecho y un punto del derecho*. Repite de * a * hasta el final de la vuelta.

Vuelta 8: teje un punto del derecho, *haz una lazada, teje 2 puntos juntos del derecho, 5 puntos del derecho, 2 puntos juntos del derecho, haz una lazada y un punto del derecho*. Repite de * a * hasta el final de la vuelta.

Vuelta 10: teje 2 puntos del derecho, *haz una lazada, teje 2 puntos juntos del derecho, 3 puntos del derecho, 2 puntos juntos del derecho, haz una lazada y teje 3 puntos del derecho*. Repite de * a * hasta que queden 9 puntos. Haz una lazada, teje 2 puntos juntos del derecho, 3 puntos del derecho, 2 puntos juntos del derecho, haz una lazada y teje 2 puntos del derecho.

Vuelta 12: teje 3 puntos del derecho, *haz una lazada, teje 2 puntos juntos del derecho, un punto del derecho, 2 puntos juntos del derecho, haz una lazada, teje 5 puntos del derecho*. Repite de * a * hasta que queden 8 puntos. Haz una lazada, teje 2 puntos juntos del derecho, un punto del derecho, 2 puntos juntos del derecho, haz una lazada y teje 3 puntos del derecho.

Repite de la vuelta 1 a la 12 hasta terminar la labor.

Punto ojos de gato

Monta un número de puntos múltiplo de 4 y teje de la siguiente manera:

Vuelta 1: teje 2 puntos del revés. *haz una lazada y teje 4 puntos juntos del revés*. Repite de * a * hasta que queden 2 puntos y téjelos del revés.

Vuelta 2: teje 2 puntos del derecho. *Teje un punto del derecho y teje el siguiente punto 3 veces, la primera del derecho, la segunda del revés y la tercera del derecho*. Repite de * a * hasta que queden 2 puntos y téjelos del derecho.

Vuelta 3: teje todos los puntos del derecho.

Repite de la vuelta 1 a la 3 hasta terminar la labor.

Punto ojo de perdiz

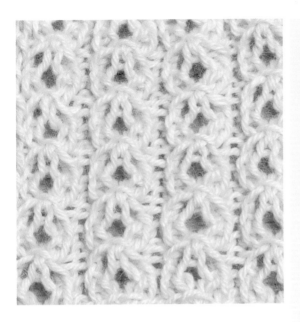

Monta un número de puntos múltiplo de 5 + 2 puntos extra y teje de la siguiente manera:

Vuelta 1: teje 2 puntos del revés, teje 3 puntos del derecho y pasa el primer punto tejido del derecho por encima de los otros dos. Repite esto hasta que queden 2 puntos y téjelos del revés.

Vuelta 2: teje 2 puntos del derecho. Teje alternando 2 puntos del revés seguido de 2 puntos del derecho hasta el final de la vuelta.

Vuelta 3: teje 2 puntos del revés, un punto del derecho, haz una lazada, teje un punto del derecho. Repite esto que queden 2 puntos y téjelos del revés.

Vuelta 4: teje 2 puntos del derecho. Teje alternando 3 puntos del revés seguido de 2 puntos del derecho hasta el final de la vuelta.

Repite de la vuelta 1 a la 4 hasta terminar la labor.

Punto ochos calados

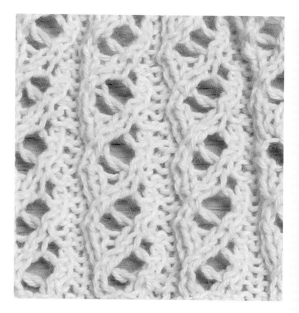

Monta un número de puntos múltiplo de 6 + 1 y teje de la siguiente manera:

Vuelta 1: teje 3 puntos del revés, teje 3 puntos del derecho y haz una lazada. Repite esto hasta que quede un punto y téjelo del derecho.

Vuelta 2: teje un punto del revés. *Teje alternando 4 puntos del revés seguido de 3 puntos del derecho*. Repite de * a * hasta el final de la vuelta.

Vuelta 3: teje 3 puntos del revés, 1 punto del derecho, 2 puntos juntos del derecho, haz una lazada, teje 1 punto del derecho. Repite esto hasta que quede un punto y téjelo del derecho.

Vuelta 4: teje un punto del revés. *Teje 2 puntos del revés, 2 puntos juntos del revés y 3 puntos del derecho*. Repite de * a * hasta el final de la vuelta.

Vuelta 5: teje 3 puntos del revés, 1 punto del derecho, haz una lazada, teje 2 puntos juntos del derecho. Repite esto hasta que quede un punto y téjelo del derecho.

Vuelta 6: teje un punto del revés. *Teje alternando 3 puntos del revés seguido de 3 puntos del derecho*. Repite de * a * hasta el final de la vuelta.

Repite de la vuelta 1 a la 6 hasta terminar la labor.

Índice de técnicas

Técnicas

Cerrar puntos.
Contar vueltas y diferenciar punto del derecho y punto del revés.
Corregir errores graves al tejer.
Corregir pequeños errores al tejer.
Esconder correctamente las hebras.
Forma correcta de empezar el ovillo.
Hacer una lazada.
Montar puntos.
Posturas para tejer.
Punto derecho.
Punto hondo.
Punto revés.
Recoger puntos.
Recuperar puntos perdidos.
Surjete doble.
Surjete simple.
Unir dos ovillos.
Unir prendas.

Puntos de nivel fácil

Falso punto inglés.
Falso punto vainilla.
Punto arena.
Punto arroz.
Punto arroz doble.
Punto bloque.

Punto bobo.
Punto bobo bicolor.
Punto cesta.
Punto damero.
Punto elástico 1x1.
Punto elástico retorcido.
Punto escalera.
Punto jersey.
Punto ladrillo.
Punto piqué.
Punto triángulos.
Punto trigo.
Punto vainilla.

Puntos de nivel intermedio

Punto acanalado.
Punto arroz bicolor.
Punto bambú.
Punto cadeneta.
Punto calado básico.
Punto calado columnas.
Punto calado diagonal.
Punto calado elástico.
Punto cruzado.
Punto curvas chinas.
Punto elástico especial.
Punto *herringbone*.
Punto inclinado.
Punto inglés.

Punto mariposa.

Punto nido de abeja bicolor.

Punto olas.

Punto picos de oca.

Punto red.

Punto retina.

Punto retina espaciado.

Punto semitela.

Punto tela.

Punto tela doble.

Punto zigzag.

Trenza eslabón.

Trenza espiral.

Puntos de nivel avanzado

Ocho básico.

Punto abanicos.

Punto bobo doble.

Punto bolitas.

Punto bucle.

Punto cocos.

Punto copos de nieve.

Punto flores.

Punto garbanzo.

Punto globos.

Punto mora.

Punto nido de abeja.

Punto ochos calados.

Punto ojo de perdiz.

Punto ojos de gato.

Punto panal.

Punto rombos calados.

Trenza abierta.

Trenza cadena.

Trenza candelabro.

Trenza candelabro II.

Trenza doble.

Trenza serpiente.

Trenza serpiente doble.

Trenza simple.

Trenza tres cabos.